山东省齐鲁优秀传统文化传承创新工程2016年第一批重点项目
山东理工大学齐文化研究院、山东省齐文化研究基地2014年重点项目
山东省齐文化传承与示范区建设协同创新中心（培育）2017年重点项目

『管子通论』丛书

王京龙　等著

管子版本研究通论

郭丽　著

齐鲁书社

管仲像（郭振华 绘）

管子通论·前言

德国思想家卡尔·雅斯贝尔斯在《历史的起源与目标》一书中,第一次把公元前500年前后同时出现在中国、西方和印度等地区的人类文化突破现象称为“轴心时代”。这一时期人类社会思想文化爆炸式发展,同时形成了世界东西方思想文化中心的滥觞。在中国,这一滥觞过程的突出标志是先秦诸子的出现,管子便是其中的重要一员。管子大约生活在公元前735年—公元前645年之间,比中国儒家学派的创始人孔子(公元前551年—公元前479年)早近一个世纪,比古希腊最早的哲学学派——米利都学派(爱奥尼亚学派)的创始人泰勒斯(大约生活在公元前624年—公元前546年)早半个多世纪。

我们这里所说的管子,既指春秋时期的管仲其人,也指管仲之后形成的《管子》其书。对于管仲其人,早在春秋末期的孔子那里就有了深刻的认识与评价;对于《管子》其书,汉代刘向以后,从不同角度对其进行的研究代有新作,新浪逐高。正是在这样的社会文化背景条件下,伴随着中国传统文化研究的繁荣与发展,“管子通论”也就应运而生了。

我们对“管子通论”这个项目兴趣的确立是在2014年。当时,张灿贤教授就任齐文化研究院院长,与学校社科处研究,意欲启动几个较大的项目,以进一步发掘研究力量,明确研究方向,培育重大研究成果。在征求意见过程中,时任山东理工大学党委副书记、山东省齐文化研究基地负责人的张宇声教授提出了“管子通论”这个题目。经过反复讨论,大家一致认为这个题目很好——管子是齐文化中的杰出代表,具有巨大的研究价值。我们山东理工大学齐文化研究院作为山东省齐文化研究基地的建设单位和学术期刊《管子学刊》的主办单位,有责任承担这一任务。于是,研究院邀请山东省政协原副主席、山东师范大学原副校长、博士生导师、齐鲁文化研究院原院长王志民教授为顾问，确定张宇声教授和张灿贤教授分别担任编委会主任委员和执行主任委员，确定我为课题负责人。这样，这一课题就算是正式启动了。2016年，山东省委、省政府决定启动“齐鲁优秀传统文化传承创新工程”建设项目，确定了第一批7类31个重点项目，经申请，“管子通论”有幸被列入其中，成为“齐鲁优秀传统文化传承创新工程”第一批重点项目之一。实际上，我在齐文化研究领域虽然屈指有年，但虚度时光日多，对管子并没有进行太深入的研究，接受这一任务深感责任重大，诚惶诚恐。加之本人学力、协调能力、研究人员构成、研究经费等诸多方面的问题，开始时便有勉为其难之感，在进展过程中，每深入一步，这种感觉便会加重一番。

研究管子的先贤众多，成果丰硕，“通论”从何着手，是一个很难确定的问题。对此，我们接受了王志民教授的意见，大致从管子研究的信息梳理角度入手，立足于“通”，着眼于“论”。于是就形成了管子的认识、管子其人其书及其家族的演变、管子思想、管子版本、管子的境外研究这样五个主要研究板块。最初的想法是把这五个板块的内容融合在一起，分成上下两卷出版结项，随着研究工作的不断深入，尤其是各个板块之间的独立性不断增强，最后竟然变成了五卷本。规模的扩大既与课题研究的内容有关，更与课题组成员的研究投入密切相关。现在看来，虽然每卷的规模看起来单薄一些，但专题性更强一点，而且有助于启发读者对某一问题的再认识。

由于启动这个项目的一个重要初衷是促进研究院内部的队伍建设和研究力量的提升，所以这个项目的研究队伍一开始就确定在研究院内部人员中选定。因而，项目开始以后，随着后来项目立项级别的上升，每卷的作者也就难以改变了。这是这个项目没有聘请一些管子研究大家参与的主要原因。

在项目进行过程中，我们试图在所涉领域都能够获得新的认识，但由于学界对管子的研究成果早已非常丰富，做到这一点确实不容易，一卷当中烦言赘语不免多见，各卷之间内容也难免有所重复，好在也可以见到一些可寻味之处。我们主要在以下几个方面寻找到了一些罅隙，或者可以说是获得了一点进步。比如对管子及其家族演变的阐释，王京龙教授和战化军教授分别在《论管子》和《管子其人其书及管氏家族研究》中都有论述，虽然观点有所不同，甚至不够完美，但在以往的管子研究中尚没有发现如此系统和缜密的推演论述。又如对管子思想研究的历史梳理，对管子学史的研究并不少见，但按照两千多年的历史发展顺序，从研究信息的角度给予系统梳理的并不多见。张艳丽的研究提供了不同历史时代的管子研究信息，虽然与专题的管子学史研究不可相提并论，但这种梳理揭示出来的研究信息也是非常可贵的。郭丽教授长期以来一直致力于《管子》的版本研究，长期处在这一领域的学术前沿，她对《管子》版本研究信息的梳理，为读者呈现了这一领域的最新认识。还有管子的境外研究，全面收集和整理不同语种的管子境外研究信息是带有一定开拓性的研究。孙继成、杨纪荣的研究在着重于收集梳理面上信息的同时，尽量照顾到了点的深入，但由于涉及面的制约，其具体着眼点的学术纵深并不令人满意，但这也几乎是前所未见的研究了。这些研究或许能够为促进管子的研究提供更多的有价值的参考。

总而言之，管子其人与《管子》其书对社会发展进步产生的巨大影响是不可估量的。希望我们的这一研究能够为促进管子研究的深入发展提供一点帮助。

感谢我供职的单位山东理工大学齐文化研究院及各位领导、同仁的厚爱，让我有机会与各位学贤一同完成“管子通论”的研究任务。能够有机会为管子研究的深入发展做出一些微薄的贡献，我感到十分荣幸。

祝愿山东理工大学齐文化研究院兴旺发达！

感谢所有为“管子通论”研究工作顺利完成做出积极贡献的朋友们！

因本人学力和课题组成员对管子研究把握和再认识的能力有限，对于书中存在的不足和错误，敬请各位学贤给予指正和理解。

王京龙

2018年3月8日

于山东理工大学博大花园寓所

凡 例

本书在说明《管子》成书、刘向校《管子》的基础上，整理历代主要版本，以使读者对《管子》的版本源流及《管子》书的特点有整体认识。

1. 所选《管子》诸版本，一般需在《前言》或《凡例》中，说明其版本来源，此便于读者“辨彰学术，考镜源流”。不说明版本来源者，较难对其版本价值进行断定，一般不收录。

2. 所选版本，需体现《管子》书的全貌，包括影印或排印的《管子》全文，或从《管子》全文中选取多篇代表性篇章的著作。《管子》别裁的单篇，或某一门类篇章，均不收录。

3. 由于古今用字有差异，书中在解释具体字例时，将古字原貌括注于相应规范简化字之后。

4. 所选版本具有一定开创性价值，特别包括20世纪80年代以来出现的白话注释本《管子》。

凡例

目　录

绪 论

《管子》是先秦重要典籍，保存了齐桓公时期至战国后期齐国的重要文献。20 世纪 70 年代开始，发现众多简帛文献，许多与《管子》相关，特别是马王堆汉墓帛书、银雀山汉墓竹简、上海博物馆藏战国楚竹书中的诸多篇章，与《管子》遥相对应，证明《管子》其书渊源有自。全面梳理《管子》版本，能够整体把握此书内容，从而对先秦齐国的政治、哲学、思想、文化有更深刻认识，有利于后续研究。

《管子》成书的年代和著者，是《管子》研究的重要问题。20 世纪 50 年代，关锋、林聿时的《管仲遗著考》，论证《管子》的"经言"九篇和"外言"中的《五辅》为管仲作。[①] 李曦继承关、林二位的观点，在承认《管子》书中的"经言"各篇是管仲的遗著基础上，从"内容上""文体上""战国人所作《〈版法〉解》"三个方面考证《版法》为管仲所作。[②] 李学勤《〈管子·轻重〉篇的年代与思想》，综合学界诸说，依据近年山东出土的文字及实物数据，考订《轻重》诸篇为战国末世《管子》一系学者的著作。[③] 顾颉刚则推断管仲不会自著书[④]，张舜徽亦赞同这种观点[⑤]。余敦康提出"管仲学派"之说，论证管仲学派是战国时期齐人继承发展管仲思想而形成的一个学派，《管子》中大部分

---

① 关锋、林聿时：《管仲遗著考》，见《中国哲学史论文初集》，科学出版社 1959 年版，第 1～49 页。

② 李曦：《〈版法〉为管仲所作考》，《管子学刊》1995 年第 1 期，第 19～23 页。

③ 李学勤：《〈管子·轻重〉篇的年代与思想》，陈鼓应主编《道家文化研究》第二辑，上海古籍出版社 1992 年版，第 335 页。

④ 顾颉刚：《"周公制礼"的传说和〈周官〉一书的出现》，《文史》第六辑，中华书局 1979 年版，第 15～16 页。

⑤ 张舜徽：《管子四篇疏证》，见《周秦道论发微》，中华书局 1982 年版，第 199 页。

的思想数据是属于管仲学派的，应当将《管子》分成类集进行研究。① 孙以楷亦认为《管子》是稷下学宫中的"管仲学派"完成的。② 张岱年观点略同，他说："《管子》一书是齐国稷下学宫中崇拜管仲的学者的著作汇集，可以说是齐国管子学派的代表作。""《管子》大概是齐国稷下法家学者的著作，是齐文化的集中表现。"③

吕思勉继承清代学者的看法，提出"家学"之说。作者在"研究先秦诸子之法"中论证，认为子是为一家之学，与集为一人之书不同。"故读子者，不能以其忽作春秋时人语，忽为战国人之言，而疑其书之出于伪造。犹之读集者，不能以其忽祖儒家之言，忽述墨家之论，而疑其文非出于一人。先秦诸子，大抵不自著书。今其书之存者，大抵治其学者所为，而其纂辑，则更出于后之人。亡佚既多，辑其书者，又未必通其学。不过见讲此类学术之书，共有若干，即合而编之，而取此种学派中最有名之人，题之曰某子云耳。然而某子之标题，本不过表明学派之词，不谓书即其人所著。与集部之标题为某某集者，大不相同。"又说："治先秦之学者，可分家而不可分人。"④李零根据出土的简帛书籍做出考察，认为先秦古书具有学派性质，需要从"先秦古书的源流来认识它的年代，是基于古书的性质本身。它们既然代表的是学派思想，则自然应以学派作为断代的单位。其年代带有模糊性，我们也应以模糊的方法去认识它。我想，这比仅仅抓住一两个名词、人物或事件去定古书的年代反而更有准确性"。⑤ 此言非常有道理。

20世纪70年代，马王堆汉墓帛书的出土和银雀山汉简的发现对《管子》研究产生了影响。唐兰的《马王堆出土〈老子〉乙本卷前古佚书的研究》⑥，篇后附文列出古佚书与《管子》《国语》等书的语言关系，很有参考价值。龙

① 余敦康：《论管仲学派》，《中国哲学》第二辑，生活·读书·新知三联书店1980年版，第39~46页。

② 孙以楷：《稷下学宫考述》，《文史》第二十三辑，中华书局1984年版，第47~48页。

③ 杨向奎、张岱年：《灿烂的齐国文化》，《管子学刊》2000年第3期，第16页。

④ 吕思勉：《先秦学术概论》，中国大百科全书出版社1985年版，第19~22页。

⑤ 李零：《李零自选集》，广西师范大学出版社1998年版，第24~49页。

⑥ 唐兰：《马王堆出土〈老子〉乙本卷前古佚书的研究》，《考古学报》1975年第1期。

晦《马王堆出土〈老子〉乙本前古佚书探原》①,认为这些古佚书当是楚人的作品,《管子》中的许多语言为古佚书所引用,则《管子》书出现更早。又马王堆汉墓帛书中的《黄帝四篇》及其他诸多文献与《管子》内容接近,可以互证。银雀山汉简出土之后,整理小组认为《守法》《守令》等十三篇中《王兵》篇早于《管子》相关篇章,不确,笔者已经撰文驳之。又十三篇中《田法》篇,与《管子》之《乘马》篇诸文相关,李学勤作《〈管子〉"乘马"释义》等文,用银雀山资料论证《管子·轻重篇》当是战国时期的作品。由马承源主编、上海古籍出版社出版的《上海博物馆藏战国楚竹书》(五)中,有《鲍叔牙与隰朋之谏》一文,研究者多认为与《管子·霸形》内容结构比较接近,是研究《管子》的主要文献资料。其他如《恒先》思想内涵亦与《管子》"四篇"接近,可对其内涵做比较研究。与《管子》有关的出土文献,可以帮助断定《管子》成书年代,更好地理解《管子》原文及其与秦汉典籍的关系,对于《管子》的思想史与哲学史及文献学的研究具有重要价值。

---

① 龙晦:《马王堆出土〈老子〉乙本前古佚书探原》,《考古学报》1975年第2期。

第一章 《管子》的成书

根据余嘉锡《余嘉锡讲目录学》,先秦诸子书在流传过程中,有其共同的特征。诸子称为子,是为了辨明其乃一家学。余嘉锡认为,在《汉书·艺文志》之《诸子略》中,从黄帝至太公、尹佚不称子,因为这些人都是古代的君主、相国,平生本来没有"子"的称呼。汉朝陆贾、贾谊不称子,是因为学无传人,没有形成学派。在汉代,"盖专门之学衰,而后著述之界严;口耳之传废,而后竹帛之用广。于是自著之书多而追叙附益之事乃渐少。然不可以例周、秦古书"。"古人既未自题姓名,则其书不必出于自著矣。"①古书之题某氏某子,是推本其学之所自出言之。《汉书·艺文志》源自《七略》,《汉志》上书某子,下注名某人,是因为其书有姓无名。这里所说的某氏某子,是说明其渊源,不是说以某子为名的书是其自撰。

一般来说,周秦时期的典籍,在流传过程中,"门弟子相与编录之,以授之后学,若今之用为讲章;又各以所见,有所增益,而学案、语录、笔记、传状、注释,以渐附入。其中数传以后,不辨其出何人手笔,则推本先师,转相传述曰:此某先生之书云耳。既欲明其学有师法,又因书每篇自为起讫,恐简策散乱,不可无大题以为识别,则于篇目之下题曰某子,而后人以为皆撰人姓名矣。古书既多不出一手,又学有传人,故无自序之例"②。这种情形,在汉以后不再出现。

余嘉锡认为,很多古书没有书名,后世的人一般会以此书起源者的名字来命名此书。古人著书,很多是单篇别行;等到将所有篇章编次成书的时

① 余嘉锡:《余嘉锡讲目录学》,凤凰出版社 2009 年版,第 137 页。
② 余嘉锡:《余嘉锡讲目录学》,凤凰出版社 2009 年版,第 139 页。

候，书多成于门弟子或后学之手，“因推本其学之所自出，以人名其书”。余嘉锡根据《史记·韩非传》：“作《孤愤》《五蠹》《内外储》《说林》《说难》，十余万言。”《孟子传》：“（驺衍）深观阴阳消息，而作怪迂之变，终始大圣之篇，十余万言。”《汉书·董仲舒传》：“仲舒所著，皆明经术之意，及上疏条教凡百二十三篇，而说《春秋》得失，《闻举》《玉杯》《繁露》《清明》《竹林》之属，复数十篇，十余万言。”及《史记·管子传》《庄子传》《商君传》《屈原传》《汉书·东方朔传》这些篇章中，引书的时候，只有篇名，得出结论说：“所叙诸子著书，皆只有篇名，无书名；又因全书不可胜举，故只随举数篇，以见其大凡。盖由古人著书，其初仅有小题（谓篇名），并无大题也（谓书名）。”①

先秦诸子典籍，书中的内容往往不是一个时间段内完成的，先后没有次第，篇章写作完成之后，就传布于世。编定成书，往往是这种情况：“随时所作，即以行世……迨及暮年或其身后，乃聚而编次之。其编次也，或出于手定，或出于门弟子及其子孙，甚或迟至数十百年，乃由后人收拾丛残为之定著。”

今流传的刘向《管子叙录》这样记载：“管子者，颍上人也，名夷吾，号仲父。”这是因为书名为《管子》，刘向则对管仲出生地、名号加以解释。《管子叙录》接着叙述管仲的生平事迹，至于《管子》是否是管仲本人所作，或管仲门弟子所记，并未进行说明。到《隋书·经籍志》编写的时候，因为距离秦汉时代久远，学者不明诸子成书的特点，于是在《管子》之后，则写作“齐相管夷吾撰”，对于其他古书，《隋志》均力图找出古书撰者的姓名。但是古人不自题姓名，刘向《书录》、刘歆《七略》、班固《汉书·艺文志》从未言明先秦古书是何人所撰。说明在《隋书》写作的时候，诸多学者已经不明白古人撰书的通例。傅玄说：“《管子》书过半是后之好事者所加。”说明在晋代，傅玄已经不明古书的传播特点，而宋代叶适则说：“管子自序其事亦泛滥不切。”（《汉书艺文志考证》卷六引叶适说）说明《管子》记载其身后事，许多学者不能从学派或门弟子撰述的角度解释《管子》的成书。

余嘉锡发现，《汉志·数术略》记录的典籍，“无姓氏者十之八九”。《数

① 余嘉锡：《余嘉锡讲目录学》，凤凰出版社2009年版，第142页。

术略》小序记载说:“史官之废久矣,其书既不能具,虽有其书而无其人。”说明周、秦以前的典籍,成为学派,各有授受源流,“师师相传,知其出于某某,始因以题之。若数术则史官放废,专门之家法已亡,而其人遂不可知。然则古书之姓名,皆非其人所自题”①。

① 余嘉锡:《余嘉锡讲目录学》,凤凰出版社2009年版,第138页。

第二章　刘向校《管子》

刘向校订的《管子》，是汉代之后流传的权威版本。刘向汇集国家、个人收藏的众多《管子》篇章，确定篇数，定为八十六篇，并对《管子》文字进行校订。此后《管子》均以八十六篇流传。

第一节　刘向生平及校书

汉昭帝元凤四年（公元前77年），刘向诞生。刘向本名更生，后改名向，字子政。《汉书》卷三十六《刘向传》记载："年十二，以父德任为辇郎。既冠，以行修饬擢为谏大夫。是时，宣帝循武帝故事，招选名儒俊材置左右。更生以通达能属文辞，与王褒、张子侨等并进对，献赋颂凡数十篇。"

汉成帝河平三年（公元前26年）秋八月，光禄大夫刘向领校中秘书，谒者陈农使使求遗书于天下。班固《汉书·艺文志》曰："昔仲尼没而微言绝，七十子丧而大义乖。故《春秋》分为五，《诗》分为四，《易》有数家之传。战国从衡，真伪分争，诸子之言纷然殽乱。至秦患之，乃燔灭文章，以愚黔首。汉兴，改秦之败，大收篇籍，广开献书之路。迄孝武世，书缺简脱，礼坏乐崩，圣上喟然而称曰：'朕甚闵焉。'于是建藏书之策，置写书之官，下及诸子传说，皆充秘府。至成帝时，以书颇散亡，使谒者陈农求遗书于天下。诏光禄大夫刘向校经传诸子诗赋，步兵校尉任宏校兵书，太史令尹咸校数术，侍医李柱国校方技。每一书已，向辄条其篇目，撮其指意，录而奏之。会向卒，哀帝复使向子侍中奉车都尉歆卒父业。歆于是总群书而奏其《七略》，故有《辑略》，有《六艺略》，有《诸子略》，有《诗赋略》，有《兵书略》，有《术数略》，有《方技略》。今删其要，以备篇籍。"

根据徐兴无的考察，汉廷图书分藏几处宫殿中。其中又分为内廷皇家图书与外廷政府机构的图书。刘向、刘歆父子所校为内廷皇家图书，故严分内外。《七略》曰："外则有太常、太史、博士之藏；内则有延阁、广内、秘室之府。"从保存的《别录》文字可以看出，刘向对于书籍，有"中、外书"（《晏子书录》）、"内、外书"（《列子书录》）之别。他统称内廷的书为"中书"（《战国策书录》）、"中秘书"（《别录佚文》），而将征求来校雠的外廷书和私人藏书叫作"外书"（《列子书录》）、"太史书"（《管子书录》）、"太常书"（《列子书录》）、臣某书等。西汉外廷的藏书地点当为兰台与石室等处。①

刘向根据中秘藏书，合中、外众本校雠之后，形成定本，校定一书后即呈御览。刘向的目录往往先列出经过校定的全书篇目，再叙述校书过程中参与校书之人、用于校雠的不同版本，接着介绍作者生平及学术渊源，概述全书主旨，评价其思想得失。这个过程就是"录而奏之"。其中又见"定以杀青，书可缮写"等字样。故此目录当载在校定后统一书写的竹简之中，随书上奏，经成帝御览后，再命"写书之官"统一缮写。而刘向又将所有校理过的书录编集别行，称为《别录》。②

刘向校书，凡诸子传记，皆以各本相校，删除重复，著为定本。古人著书，既多篇别行，不自编次，则其本多寡有不同。加上秦始皇焚书坑儒，图籍散乱，老屋坏壁，久无全书，故同一诸子传记有的以数篇为一本，有的以数十篇为一本，此有彼无，各不相同。这些篇章分散流传的时候，篇章不全，将所有流传的篇章合在一起，则篇章有重复。汉成帝命刘向领校中秘书，又求天下遗书。天下的典籍汇集在一起，刘向乃用各本雠对。应劭《风俗通义》记载："刘向《别录》：'雠校，一人读书，校其上下，得谬误，为校；一人持本，一人读书，若怨家相对，为雠。'"《风俗通义》又说："刘向《别录》曰：'杀青者，直治竹作简，书之耳。新竹有汗，善朽蠹，凡作简者，皆于火上炙干之。陈、楚间谓之汗。汗者，去其汗也。吴、越曰杀，杀亦治也。'刘向为孝成皇帝典校书籍二十余年，皆先书竹，为易刊定，可缮写者，以上素也。"（以上二条，今本所无，散见《初学记》《文选注》《御览》等书，严可均《全后汉文》卷三十六合

① 徐兴无：《刘向评传（附刘歆评传）》，南京大学出版社 2005 年版，第 192 页。
② 徐兴无：《刘向评传（附刘歆评传）》，南京大学出版社 2005 年版，第 201 页。

辑之，今据以引用）刘向对众多篇章互相除补，别为编次："先书竹简，刊定讹谬，然后缮写上素，著为目录，谓之定著。"①

根据徐兴无的研究，刘向校雠学的成就如下②：

第一，备众本。刘向校雠的时候，搜集众多版本，进行抉择去取。

第二，订脱误。刘向校雠时，对脱漏、讹误的文字进行校订。

第三，删复重。就是将典籍的诸多篇章核对，删除重复的篇章。

第四，条篇目。即梳理典籍的篇目。

第五，定书名。很多古书当初并无定名，刘向确定了校订典籍的书名。

第六，谨编次。按照一定的规范，确定典籍篇目顺序。

刘向校书之前，诸子传记要么残缺，要么重复。今日所传的典籍，大抵为刘向所编次，使后人得见周、秦诸子学说的面貌，这是刘向在学术上的巨大贡献。

第二节　刘向校《管子》的主要内容

今本《管子》为刘向编订，刘向搜集西汉宫中与宫外《管子》藏书五百六十四篇，其中重复者四百八十四篇。章学诚《章氏遗书》记载："刘向校雠中秘，有所谓中书，有所谓外书，有所谓太常书，有所谓太史书，有所谓臣向书、臣某书。夫中书与太常、太史，则官守之书，不一本也；外书与臣向、臣某，则家藏之书，不一本也。夫博求诸本，乃得雠正一书，则副本固将广储，以待质也。"这些《管子》篇章来自国家藏书和个人藏书，刘向去其重复，共有八十六篇，即今本《管子》之由来。整理完成之后，写出《〈管子〉书录》，别载于《别录》中。根据南宋浙江刻本《管子》所镌，刘向《书录》云：

> 护左都水使者光禄大夫臣向言：所校雠中《管子》书三百八十九篇，太中大夫卜圭书二十七篇，臣富参书四十一篇，射声校尉立书十一篇，太史书九十六篇，凡中外书五百六十四篇，以校，除复重四百八十四篇，

① 余嘉锡：《余嘉锡讲目录学》，凤凰出版社2009年版，第183页。

② 徐兴无：《刘向评传（附刘歆评传）》，南京大学出版社2005年版，第207～212页。

定著八十六篇，杀青而书可缮写也。管子者，颍上人也，名夷吾，号仲父。少时尝与鲍叔牙游，鲍叔知其贤。管子贫困，常欺叔牙，叔牙终善之。鲍叔事齐公子小白，管子事公子纠。及小白立为桓公，子纠死，管仲囚，鲍叔荐管仲。管仲既任于齐，齐桓公以霸。九合诸侯，一匡天下，管仲之谋也。故管仲曰："吾始困时，与鲍叔分财，多自予，鲍叔不以我为贪，知吾贫也。尝为鲍叔谋事而更穷困，鲍叔不以我为愚，知吾有利有不利也。公子纠败，召忽死之，吾幽囚受辱，鲍叔不以我为无耻，知吾不羞小节，而耻功名不显于天下也。生我者父母，知我者鲍叔。"鲍叔既进管仲，而己下之，子孙世禄于齐，有封邑者十余世，常为名大夫。管子既相，以区区之齐，在海滨，通货积财，富国强兵，与俗同好恶，故其书称曰："仓廪实而知礼节，衣食足而知荣辱，上服度则六亲固。四维不张，国乃灭亡。下令犹流水之原，令顺人心，故论卑而易行。俗所欲，因予之；俗所否，因去之。其为政也，善因祸为福，转败为功。贵轻重，慎权衡。"桓公怒少姬，南袭蔡，管仲因伐楚，责包茅不入贡于周室。桓公北征山戎，管仲因而令燕修召公之政。柯之会，桓公背曹沫之盟，管仲因而信之，诸侯归之。管仲聘于周，不敢受上卿之命，以让高、国。是时，诸侯为管仲城谷，以为之乘邑，《春秋》书之，褒贤也。管仲富拟公室，有三归反坫，齐人不以为侈。管子卒，齐国遵其政，常强于诸侯。孔子曰："微管仲，吾其被发左衽矣。"太史公曰："余读管氏《牧民》《山高》《乘马》《轻重》《九府》，详哉言之也！"又曰："将顺其美，匡救其恶，故上下能相亲爱，岂管仲之谓乎！"《九府》书民间无有，《山高》一名《形势》。凡《管子》书，务富国安民，道约言要，可以晓合经义。向谨第录上。

刘向《〈管子〉书录》主要记述《管子》之整理，管仲之生平事迹，管仲之政治经济政策，征引孔子、司马迁语，对管仲做出评介。

刘向校订《管子》篇目如下：

《牧民》《形势》《权修》《立政》《乘马》《七法》《版法》《幼官》《幼官图》《五辅》《宙合》《枢言》《八观》《法禁》《重令》《法法》《兵法》《大匡》《中匡》《小匡》《王言》《霸形》《霸言》《问》《谋失》《戒》《地图》《参患》《制分》《君

臣上》《君臣下》《小称》《四称》《正言》《侈靡》《心术上》《心术下》《白心》《水地》《四时》《五行》《势》《正》《九变》《任法》《明法》《正世》《治国》《内业》《封禅》《小问》《七臣七主》《禁藏》《入国》《九守》《桓公问》《度地》《地员》《弟子职》《言昭》《修身》《问霸》《牧民解》《形势解》《立政九败解》《版法解》《明法解》《臣乘马》《乘马数》《问乘马》《事语》《海王》《国蓄》《山国轨》《山权数》《山至数》《地数》《揆度》《国准》《轻重甲》《轻重乙》《轻重丙》《轻重丁》《轻重戊》《轻重己》《轻重庚》,共八十六篇。

此本《管子》从刘向校订之后,一直流传,唐宋类书中多有征引。唐代尹知章为《管子》作注之后,尹知章注《管子》成为流传最广的版本,其后尹知章注本《管子》在北宋版刻,南宋有翻印。《管子》在南宋主要有两个版本系统,一为南宋绍兴年间浙江刻本,一为墨宝堂本。

第三章　宋代《管子》版本

宋本《管子》今存两种,均是南宋刻本。一为南宋绍兴年间具杨忱《序》的浙江刻本,一为瞿源蔡潜道宅墨宝堂本。南宋浙江刻本《管子》今存于国家图书馆,是《管子》版本中最古老的版本,在《管子》版本流传中影响很大。

瞿源蔡潜道宅墨宝堂本《管子》亦是南宋刻本,曾经藏于山东海源阁,后归瞿氏铁琴铜剑楼。此本在民国年间,傅增湘曾经见到,现藏于俄罗斯。

第一节　南宋浙江刻本《管子》

我们这里讨论的是现在国内保存的唯一宋本,即南宋绍兴年间刊印的浙江刻本《管子》。此本现藏于国家图书馆,善本书藏书号9601。二十四卷,题唐房玄龄注,黄丕烈、戴望跋,十二册,十二行,行二十二至二十五字,白口,左右双边。《北京图书馆古籍善本书目》著录为"宋刻本"。原版框高一尺六寸九分,宽四寸八分。黄丕烈《跋》曰:"核其板刻,当在南宋初,以卷末附张巨山《读〈管子〉》一篇也。内有钞补并伪刻之叶,在第六卷中……命工用宋纸从影钞本重摹,辍钞补伪刻之叶而重装之。《管子》至今日,宋刻始完好无阙,岂非快事。"[①]距今九十年前,是书藏于常熟瞿氏铁琴铜剑楼,傅增湘尝前往参观,《藏园群书经眼录》云:"首列大宋甲申杨忱序。卷末有张嵲《读〈管子〉》一篇,有'绍兴己未,从人借得,改正讹谬,藏于家'之语,盖南宋初刊本。"具体地说,是书当校刊于南宋绍兴九年(1139)之后;其底本为张嵲

① 黄丕烈:《荛圃藏书题识》,《黄丕烈书目题跋》,《清人书目题跋丛刊》六,中华书局1993年版,卷四,第70页下。

抄校“大宋甲申杨忱序”刻本，即北宋庆历四年（1044）杨忱刻本；惟张嵲称“颇为改正其讹谬”，“抄而藏于家”云云，则张氏抄校本与杨忱序刻原本之差异，无从考知矣。版心下记刻工姓名牛实、史祥、昌旼、乙成、金升等，与绍兴两浙西路刊《礼记正义》、衢州刊《三国志·魏志》多同，可推定为南宋初年浙江刻本。[①] 宋本《管子》在明代以后的传承大略如下：

文徵明→文伯仁→徐乾学→黄丕烈→汪士钟→铁琴铜剑楼→国家图书馆

浙江刻本《管子》首载杨忱《管子序》；次《管子目录》；次刘向《管子书录》；次《管子》正文；最后是张嵲的《读〈管子〉》。

（一）杨忱《管子序》

杨忱《管子序》曰：

《春秋》尊王不尊霸，与中国不与夷狄，始于平王，避夷难也。是王室迁而微也，见于《周书·文侯之命》。微王也，是王者失赏也。《费誓》善其备夷，是诸侯之正也。《秦誓》专征伐，是诸侯之失礼也。《书》《春秋》合体而异世也。《书》以《文侯之命》终其治也。《春秋》以平王东迁始其微也。自东迁六十五年，《春秋》无晋，以其亡护乱也。及其灭中国之国，而后见其行事，讥失赏也。周之微也，幸不夷其宗稷，齐桓之功也。其中国无与加其盛也，其夷狄无与抗其力也。见于《卫诗》，美其存中国也。《春秋》无与辞，何异也。存一国之风，无其人，则卫夷矣。全王道之正，与之霸，是诸侯可专征伐也。夫晋之为霸也，异齐远矣。桓正文谲。夫桓之为正，抑夷狄，存中国。文之为谲，陵中国，微王室。晋之风也，无美其美，无功其功，外无他焉，虽国人不与也。然而桓之正，非王道之正也，以文谲而桓正也。桓之功，非王道之功也，以攘狄而存周也。无桓，周灭。有周，桓贼。桓卒，齐衰。楚人灭周，周之不幸，桓之早死也。故曰：周之存，桓之功也。桓之不幸，管仲之早死也。故曰：桓之功，管仲之力也。自是楚灭诸国，而炽矣。今得其著书，然后知

① 参傅增湘：《藏园订补郘亭知见传本书目》第二册，中华书局1993年版，卷七，第90页。王欣夫：《蛾术轩箧存善本书录》，上海古籍出版社2002年版，第1289页。

攘狄之功,皆远略也。儒讥霸,信刑赏,岂王者诋民哉?霸严政令,岂王者怠忽哉?霸乡方略,岂王者不先谋哉?霸审劳佚,岂王者暴师哉?霸谨畜积,岂王者使民不足哉?亦时夷狄内聘,大者畏威,小者怀仁,功亦至矣。不幸名之不正,然奈衰世何。孔子曰:"微管仲,吾其被发左衽。"此其据也。时大宋甲申秋九月二十三日序。

杨忱,华阴人,嘉祐七年(1062)四月辛巳卒于河南,官至大理寺丞,享年三十九岁。[①] 父杨偕,官至翰林侍读学士右谏议大夫,欧阳修为作《翰林侍读学士右谏议大夫杨公墓志铭》,又《宋史》卷三百云:"杨偕字次公,坊州中部人。……子忱、慥,皆有隽才。"杨忱与刘敞、王安石、梅尧臣有交谊,王安石有《答杨忱书》,收于《临川先生文集》卷七十七;《唐宋八大家文钞》亦有收录。又为作墓志铭,铭文曰:"少卓荦,以文章称天下,治《春秋》不守先儒传注。"又云:"有《文集》十卷,又别为《春秋正论》十卷,《微言》十卷,《通例》二十卷。"杨忱《管子序》的议论高奇,除个性使然,其对先秦古籍的研究也是重要因素之一。

(二)《管子》目录

《牧民》第一
《形势》第二
《权修》第三
《立政》第四
《乘马》第五
《七法》第六
《版法》第七
《幼官》第八
《幼官图》第九
《五辅》第十

① 王安石:《大理寺丞杨君墓志铭》,《临川先生文集》,《四部丛刊》据明嘉靖三十九年抚州刊本影印,卷九十三。

《宙合》第十一
《枢言》第十二
《八观》第十三
《法禁》第十四
《重令》第十五
《法法》第十六
《兵法》第十七
《大匡》第十八
《中匡》第十九
《小匡》第二十
《王言》第二十一
《霸形》第二十二
《霸言》第二十三
《问》第二十四
《谋失》第二十五
《戒》第二十六
《地图》第二十七
《参患》第二十八
《制分》第二十九
《君臣上》第三十
《君臣下》第三十一
《小称》第三十二
《四称》第三十三
《正言》第三十四
《侈靡》第三十五
《心术上》第三十六
《心术下》第三十七
《白心》第三十八
《水地》第三十九

《四时》第四十
《五行》第四十一
《势》第四十二
《正》第四十三
《九变》第四十四
《任法》第四十五
《明法》第四十六
《正世》第四十七
《治国》第四十八
《内业》第四十九
《封禅》第五十
《小问》第五十一
《七臣七主》第五十二
《禁藏》第五十三
《入国》第五十四
《九守》第五十五
《桓公问》第五十六
《度地》第五十七
《地员》第五十八
《弟子职》第五十九
《言昭》第六十
《修身》第六十一
《问霸》第六十二
《牧民解》第六十三
《形势解》第六十四
《立政九败解》第六十五
《版法解》第六十六
《明法解》第六十七
《臣乘马》第六十八

《乘马数》第六十九
《问乘马》第七十
《事语》第七十一
《海王》第七十二
《国蓄》第七十三
《山国轨》第七十四
《山权数》第七十五
《山至数》第七十六
《地数》第七十七
《揆度》第七十八
《国准》第七十九
《轻重甲》第八十
《轻重乙》第八十一
《轻重丙》第八十二
《轻重丁》第八十三
《轻重戊》第八十四
《轻重己》第八十五
《轻重庚》第八十六。
凡二十四卷,八十六篇。

（三）刘向《书录》

刘向《书录》云：

护左都水使者光禄大夫臣向言：所校雠中《管子》书三百八十九篇，太中大夫卜圭书二十七篇，臣富参书四十一篇，射声校尉立书十一篇，太史书九十六篇，凡中外书五百六十四篇，以校，除复重四百八十四篇，定著八十六篇，杀青而书可缮写也。管子者，颍上人也，名夷吾，号仲父。少时尝与鲍叔牙游，鲍叔知其贤。管子贫困，常欺叔牙，叔牙终善之。鲍叔事齐公子小白，管子事公子纠。及小白立为桓公，子纠死，管仲囚，鲍叔荐管仲。管仲既任于齐，齐桓公以霸。九合诸侯，一匡天下，管仲之谋也。故管仲曰："吾始困时，与鲍叔分财，多自予，鲍叔不以我为贪，知吾贫也。尝为鲍叔谋事而更穷困，鲍叔不以我为愚，知吾有利有不利也。公子纠败，召忽死之，吾幽囚受辱，鲍叔不以我为无耻，知吾不羞小节，而耻功名不显于天下也。生我者父母，知我者鲍叔。"鲍叔既进管仲，而已下之，子孙世禄于齐，有封邑者十余世，常为名大夫。管子既相，以区区之齐，在海滨，通货积财，富国强兵，与俗同好恶，故其书称曰："仓廪实而知礼节，衣食足而知荣辱，上服度则六亲固。四维不张，国乃灭亡。下令犹流水之原，令顺人心，故论卑而易行。俗所欲，因予之；俗所否，因去之。其为政也，善因祸为福，转败为功。贵轻重，慎权衡。"桓公怒少姬，南袭蔡，管仲因伐楚，责包茅不入贡于周室。桓公北征山戎，管仲因而令燕修召公之政。柯之会，桓公背曹沫之盟，管仲因而信之，诸侯归之。管仲聘于周，不敢受上卿之命，以让高、国。是时，诸侯为管仲城谷，以为之乘邑，《春秋》书之，褒贤也。管仲富拟公室，有三归反坫，齐人不以为侈。管子卒，齐国遵其政，常强于诸侯。孔子曰："微管仲，吾其被发左衽矣。"太史公曰："余读管氏《牧民》《山高》《乘马》《轻重》《九府》，详哉言之也！"又曰："将顺其美，匡救其恶，故上下能相亲爱，岂管仲之谓乎！"《九府》书民间无有，《山高》一名《形势》。凡《管子》书，务富国安民，道约言要，可以晓合经义。向谨第录上。

（四）张嵲《读〈管子〉》

余读《管子》，然后知庄生、晁错、董生之语时出于《管子》也。不独此耳。凡《汉书》语之雅驯者，率多本《管子》。《管子》，天下之奇文也，所以著见于天下后世者，岂徒其功烈哉？及读《心术》、《白心》上下、《内业》诸篇，则未尝不废书而叹，益知其功业之所本，然后知世之知管子者殊浅也。《管子》书多古字，如"专"作"抟"，"忒"作"貣"，"宥"作"侑"，"况"作"兄"，"释"作"泽"，此类甚众。《大匡》载召忽语曰："百岁之后，吾君下世，犯吾命而废吾所立，夺吾纠也。虽得天下，吾不生也,兄与我齐国之政也。”而《注》乃谓:“召忽呼管仲为兄。”曰:“泽命不渝”,而《注》乃以为:“泽恩之命。”甚陋,不可遍举。书既雅奥难句,而为之注者复缪于训故,益使后人疑惑,不能究知。世传房玄龄所注,恐非是。予求《管子》书久矣。绍兴己未,乃从人借得,之后而读者累月,始颇窥其义训。然舛脱甚众,其所未解尚十二三。用上下文义,及参以经史刑政,颇为改正其讹谬。疑者表而发之,其所未解者置之,不敢以意穿凿也。既又取其闲奥于理,切于务者,抄而藏于家,将得善本而卒业焉。

张嵲是《管子》研究中一位比较重要的人物。张嵲《读〈管子〉》,对《管子》一书加以辨误、考订。历来研治《管子》者多重视张嵲此文,黄震《黄氏日抄》卷五十五、王应麟《困学纪闻》卷十有评论。张嵲的著作,《宋史·艺文志》著录《紫微集》三十卷,清乾隆间,纪昀据《永乐大典》辑为三十六卷,篇章较原书有所缺失,仍依《宋史》题为《紫微集》。

(五)南宋浙刻本特征

南宋浙本《管子》八十六篇,共分八部分,“经言”九篇、“外言”八篇、“内言”九篇、“短语”十八篇、“区言”五篇、“杂篇”十三篇、“管子解”五篇、“轻重”十九篇,全书内阙十篇,阙者仅列篇名。

此本较好地保存了《管子》古本的风貌,用字多古字古义。如“埽除不洁(絜)”(《心术》),“絜”即“潔”字。宋翔凤云:“《说文》无‘潔’字,作‘絜’为正。”①“是谓宽乎刑”(《白心》),“刑”,明刻刘绩本、赵用贤本均作“形”②,郭沫

① 宋翔凤:《过庭录》,中华书局1986年版,第235页。

② 《管子》版本,以南宋浙本为最早,亦最为宝贵。除此以外,明初刘绩《管子补注》本也很重要,与浙本不是一个系统,二者可以互校。明代万历十年赵用贤《管韩合刻》本吸收宋本、明初刘绩本之长,而形成一种新的版本。此部分,我们以刘绩本和赵本同宋本比较论证。明代刘绩本现存四种,其中国家图书馆存有三种。本文所用刘绩本版本是以国家图书馆藏,陆贻典、黄丕烈校并跋本《管子补注》为准,善本书藏书号896,是陆贻典用南宋初绍兴年间具杨忱《管子序》的浙刻本精校而成。明刻赵用贤《管韩合刻》本以浙江大学图书馆藏本为准。

若云:“当以作‘刑’为是,上文所言均关于兵事,故以宽刑承之。”[1]在《银雀山汉墓竹简》(壹)中,“形”多写作“刑”,宋本《管子》“形”亦多作“刑”。银雀山汉简《王兵》,与《管子》之《参患》《七法》《兵法》《地图》等篇相关,根据学者研究,《王兵》写成于战国年间,宋本《管子》与《王兵》用字多有相合,足证其古奥。此外,宋本《管子》还有比较多的古字假借,如“莫知其泽(澤)之”(《形势》),“澤”,刘本、赵本均作“釋”,王念孙曰:“宋本‘釋’作‘澤’,古字假借也。”又“其功逆天者天围(圍)之”(《形势》),“圍”,刘本、赵本作“違”,王念孙曰:“宋本‘違’作‘圍’,古字假借也。‘違’之通作‘圍’,犹‘圍’之通作‘違’。”

宋本因避讳而有阙笔。避宋代始祖“玄朗”讳,“六会诸侯,令曰:以尔壤生物共玄官”(《幼官》),同篇“尚之于玄官,听于三公”,“玄”,作“玄”。避祖“敬”讳,“敬其山川、宗庙、社稷”(《四称》),“修火宪,敬山泽林薮积草”(《立政》),上两“敬”字,浙刻本均作“茍”。避“竟”,“故计必先定,而兵出于竟。计未定而兵出于竟,则战之自败,攻之自毁者也”(《参患》),上两“竟”,浙刻本作“竟”,但“竟”非完全避讳,如《枢言》篇中“先王不以勇猛为边竟,则边竟安;边竟安,则邻国亲”,三“竟”字不阙笔。避宋太祖之父“弘殷”讳,“以为殷主”(《宙合》),“殷”作“殷”。避宋太祖讳,“此谓匡其急”(《五辅》),“一匡天下”(《封禅》),“匡主之过”(《明法解》),及篇名《大匡》《中匡》《小匡》,“匡”均作“匡”。避仁宗讳,“为人妻者,劝勉以贞(貞)”(《五辅》),“貞”作“貞”[2]。南宋浙本系翻刻北宋杨忱序庆历四年刻本,庆历本避讳到仁宗,南宋绍兴本避讳主要依照原书。

浙本还有改字,如“虎”改作“武”:“大夫散其邑粟,与其财物,以市武豹之皮。”(《揆度》)“武”是因避讳而改的字。任林圃按曰:“唐高祖祖名虎,故唐人讳‘虎’为武。此在刘绩本正文及《注》皆作‘武’,在杨忱本则正文作

---

① 郭沫若:《管子集校》(二),《郭沫若全集》历史编第六卷,人民出版社 1984 年版,第 452 页。

② 巩曰国:《〈管子〉成书与流传研究》,山东大学 2004 年博士学位论文,第 117 页有论述。

‘武’,《注》作‘虎’。作‘虎’者乃唐以后人所回改。”①则《管子》书中因回改的不同而形成不同的文字。

南宋浙本有俗字。“以教卒练士击驱(敺)众白徒”(《七法》),“敺”,正字当作“毆”,《龙龛手鉴·文部》曰:“敺,俗。正作毆。”“国毋怪严,毋杂俗,毋异礼,士毋私议”(《法法》),注曰:“国不作奇怪(恠),则严肃而无杂,俗有常礼,士皆公议”(《法法》),注中“恠”同“怪”。《玉篇·心部》说“恠”是“怪”的俗字,《正字通·心部》亦曰:“恠,俗怪字。”“水者,地之血气,如筋(觔)脉之通流者也”(《水地》),“觔”是“筋”的俗字,《玉篇·竹部》曰:“觔,俗筋字。”“古之王者,其君丰(豊),其臣教”(《小问》),注曰:“君豊臣教,则君能制臣,故可以王也”,正文和注中的两“豊”字,是“豐”的俗字。《玉篇·丰部》曰:“豐,大也。俗作豊。”“馈食之都,虎狼之所栖(捿)也”(《轻重甲》),“捿”是“棲”的俗字。《龙龛手鉴·手部》曰:“捿,正作棲。”此外,浙刻本还有其他用字特点,如“圖”作“啚”:“此居啚,方中”(《幼官》),注曰:“此立时之政,管氏别五其啚,谓之方啚,而土位居中”,上三“啚”字,刘绩本、赵用贤本均作“圖”,两字可以通用。唐玄应《一切经音义》卷八:“诏定古文官书,‘圖’‘啚’二形同。”俞正燮《癸巳存稿·省堂寺碑跋》:“‘圖’字作‘啚’。”“糶”作“粜”:“春粜以東,是又倍贷也。”(《治国》)“糴”作“籴”:“故曰:粟行于三百里”(《八观》),注曰:“赋重则粟贱,故人远行而粜之,或远人来籴也。”

南宋浙本《管子》之后,《管子》比较重要的刊本是明初刘绩《管子补注》本,刘本是在宋本之后较早的版本。刘绩本与南宋浙本内容差异比较大,脱漏语句也比较多,宋本可以为之补充文字上的疏漏,以下二十六句是宋本例子,括号内文字为宋本之笺疏文字:

1. 无设无形焉,无不可以成也(无策可以设,无形可以寻,所向皆无,故不可以成功也)。(《兵法》)

2. 为欲定社稷也。社稷不定,臣禄齐国之政而不死纠也。(《大匡》)

3. 吾君惕,其智多诲(智多则可试诲之也)。姑少胥,其自及也(胥,待

① 郭沫若:《管子集校》(四),《郭沫若全集》历史编第八卷,人民出版社 1985 年版,第 201 页。任林圃的按语收在《管子集校》中。

也。待其自能及道）。鲍叔曰。（《大匡》）

4. 以其余修兵革。兵革不足以引其事，告齐，齐助之发（诸侯兵之不足，当引其事之阙者以告齐，齐当发卒以助之也）。（《大匡》）

5. 中救晋公，禽狄王，败胡貉，破屠何（屠何，东胡之先也），而骑寇始服（北狄以骑为寇）。北伐山戎，制泠支，斩孤竹，而九夷始听。海滨诸侯，莫不来服。（《小匡》）

6. 动作胜之。（《霸言》）

7. 人之开田而耕者几何家？士之身耕者几何家？（《问》）

8. 余子父母存，不养而出离者几何人？（《问》）

9. 后利之，则战之自胜者也（交刃接兵，必卒丧刃折，货财空耗，虽未被敌胜，先已自胜）。（《参患》）

10. 士不可用者，以其将予人也。将不知兵者，以其主予人也。（《参患》）

11. 乘则坚者辍（所乘虽脆，却为坚者，则以士卒脆弱故）。（《制分》）

12. 民足于产。（《君臣上》）

13. 乎，吾亦鉴焉。管子对曰："夷吾闻之于徐伯曰：昔者有道之君。"（《四称》）

14. 固事之，毋入（既未能诛，且固事之，无得入同其恶也）。（《侈靡》）

15. 败成（数变易，则事繁而无功，故曰败成）。大臣得罪，勿出封外，是为漏情。（《侈靡》）

16. 不择人而予之，谓之好人。（《侈靡》）

17.（静，谋也）节时于政，与时往矣（凡为节度，当合于时，所施政教，与时俱往）。不动以为道。（《侈靡》）

18.（厚，谓过于寒热。冬有极寒，夏有极热。夏有极热，冬有极寒）是故王者谨于日至（谓冬夏至也，当知二至之寒热也）。（《侈靡》）

19. 周、郑之礼移矣（礼移则俗变也）。（《侈靡》）

20.（宫中之乐，所以悦体安性，故不禁御之也）不思不虑，不忧不图。（《任法》）

21. 能止乎？能已乎？（谓正而求诸己也）。（《内业》）

22. 政有急缓。(《七臣七主》)

23. (凡此皆冬作)四时事备,而民功百倍矣。(《禁藏》)

24. 物之小者也。故曰:燕爵。(《形势解》)

25. 必顾其累,择行。(《形势解》)

26. 百亩不举。起十人之繇,千亩不举。起百人之繇,万亩不举。起千人之繇,十万亩不举。(《臣乘马》)

上二十六句,刘绩本无,浙刻本可作补充。南宋浙本也是赵用贤本刊刻时重要的参考依据,明刻赵本就是在浙刻本基础上形成的新版本。

南宋浙本在文字上能够订正刘绩本和赵用贤本用字的讹误,有些用字刘绩本、赵本均为讹误,唯有南宋浙本为正确者。如"凡立国都,非于大山之下"(《乘马》),"大",刘绩本、赵用贤本均作"太",以浙本为是。王念孙曰:"'太'当为'大'。'大山'与下'广川'相对为文,无取于'太山'也。""民之兴善也如化"(《宙合》),"化",刘本、赵本均作"此",以浙本为是。王念孙曰:"'如此'当从宋本作'如化'。《吕氏春秋·怀宠篇》曰:'兵不接刃,而民服若化'。"①"臣下堕而不忠"(《形势解》),"堕",刘绩本、赵用贤本均作"随",以浙本为是。王念孙曰:"'随'当依宋本作'堕','堕'与'惰'同,言怠惰而不尽其力也。上文云臣下'能尽力事上,则当于主',正与此文相对。"②

浙刻本《管子》刻印精审,是难得的佳本。清代学者陆贻典校对明刻刘绩《管子补注》时,就是依据的这个本子。此本现存于国家图书馆,可以参阅。陆氏历经二十余日,依照浙本将刘绩本认真校对两遍,认为南宋浙本较明刻刘绩本为长,题跋曰:"古今书籍,宋板不必尽是,时板不必尽非。然较是非以为常,宋刻之非者居二三,时刻之是者无六七,则宁从其旧。"可谓有感而发。南宋浙刻本在明清时期,可能是因为藏书家过分珍惜,学者难以见到。光绪年间张瑛影抄浙本《管子》,属抱芳阁书坊覆刻;民国初年《四部丛刊》以南宋浙刻本为底本影印,此本成为研究《管子》不可或缺的版本;2004年北京图书馆《中华再造善本》亦影印浙本。南宋浙刻本的传本如下:

---

① 王念孙:《读书杂志》,清嘉庆刻本,浙江大学图书馆藏书,志五之二,第12页。

② 王念孙:《读书杂志》,清嘉庆刻本,志五之十,第1页。

↗光绪年间张瑛影抄覆刻本

南宋浙刻本《管子》⟶《四部丛刊》影印本

↘中华再造善本

上述三种传本，以中华再造善本《管子》质量最高，因为张瑛影抄有摹写的讹误，《四部丛刊》本有在修饰过程中产生的讹误。① 中华书局新编诸子集成本《管子校注》，底本依据南宋浙江刻本，又修正浙本明显的讹误，补充浙本内容之不足，吸收刘绩《管子补注》之长，与浙本有比较大的不同，刻印比较精审，但在刻印过程中有时有同音同义字代替的现象。

南宋绍兴年间具杨忱《序》的浙江刻本，是现今保存的最早的《管子》刻本。此本经过诸位藏书家之手，现庋藏于国家图书馆。此本避讳，从赵氏宗室的远祖到宋仁宗，与杨忱庆历四年《管子序》时间相吻合，证明庆历年间《管子》曾经刊刻。用字更多保存古字古义，颇有古本风貌。内容上能够补充明初刘绩本的不足，文字上能够订正刘本和赵本的讹误，对赵本的刊印具有重大影响。清代学者陆贻典对浙本评价甚高，并用以校对明刻刘绩本。南宋浙本刻印精审，作为研究的底本颇为适合。

第二节　南宋墨宝堂本《管子》

有清至民国年间保存的宋本《管子》，主要是南宋浙江刻本和瞿源蔡潜道宅墨宝堂本两种。南宋浙江刻本《管子》，现藏于国家图书馆。墨宝堂本《管子》，海源阁旧藏，今已不存；清代学者孙星衍、陆贻典、黄丕烈、顾广圻曾用以校勘明本《管子》，洪颐煊、王念孙、宋翔凤亦以墨宝堂本为校本，对明本《管子》做过考察；戴望两种宋本《管子》均已见到，并在南宋浙江刻本后有跋语，然他的《管子校正》主要参考了墨宝堂本。墨宝堂本《管子》在有清一代较浙本影响大，现根据乾嘉暨以后诸位名家的校跋和著录，对墨宝堂本加以考察，以明其价值。

---

① 郭沫若：《管子集校·叙录》，《郭沫若全集》历史编第五卷，第5页。

南宋瞿源蔡潜道墨宝堂本《管子》,绍兴壬申年(1152)孟春刊行,卷一后有木记云"瞿源蔡潜道宅墨宝堂新雕印",对北宋具杨忱《管子序》本有修订,与南宋浙江刻本《管子》微异。清代藏书家以黄丕烈搜求宋本《管子》最多,南宋浙江刻本和墨宝堂本并有收藏。黄丕烈在墨宝堂本《管子》末有题跋,曰:"嘉庆丁丑(1817)重阳装成。越一日,以陆敕先原校宋刻本手勘一过,钞胥脱误甚多。临写时校正者,墨笔标于上方;兹手勘其脱误者,以黄笔标之。陆校在刘绩本上,于宋刻可疑处每识于旁。兹钞胥写入本行,所以存宋刻之真,而余复标出其字,注曰:'校改者皆敕先',所谓'刻舟'也。陆跋二通,录附于后。复翁。"①并录入陆贻典校改明刻刘绩《管子补注》之跋语二则。黄丕烈在此本《管子》卷末又题跋曰:"此宋刻《管子》二十四卷,原缺卷第十三至卷第十九,任蒋桥顾竹君藏书也。二十年前曾借校之,其佳处实多。因中有缺,心甚有歉,未为全美。后京师某坊缄寄一宋刻,宋刻已糊涂,经俗人剜其糊涂处,以时本填之,多未可信,故卒未据以校藏本。近日宋廛宋刻子部并归他人,重忆向所未惬意之本,遂从顾氏后人归之。而中所缺卷,余故友小读书堆藏陆敕先校宋本,亦向伊后人借归据补。陆校未记行款,兹就余所收宋刻本行款约略为之,未可据也。至于字句之间,他卷多同宋刻,则此所缺而陆校有,宋刻应亦可据,且陆校出毛斧季所藏宋刻,则尤可信。"②据此可知,汲古阁毛扆尝得宋本《管子》,陆贻典以钱曾所遗刘绩本《管子补注》校勘,黄丕烈又以陆贻典校宋本校宋墨宝堂本,发现以陆校证黄所藏之宋刻,"有脱至一句者"。根据黄丕烈在南宋浙刻本《管子》中的题跋,黄氏后来发现陆贻典乃是以浙刻本校刘绩《管子补注》本,故云:"取对顾氏小字本,高出一筹,当是敕先所据以校刘绩之本者也。"③据黄丕烈《题跋》,宋蔡潜道墨宝堂本为"小字宋本",卷一后有长方印记,其文云"瞿源蔡潜道宅墨宝堂新雕印","中缺十三至十九卷",非完本。黄又将其与陆敕先

① 黄丕烈:《黄丕烈书目题跋》,《清人书目题跋丛刊》六,中华书局 1993 年版,第 69 页。

② 黄丕烈:《黄丕烈书目题跋》,《清人书目题跋丛刊》六,中华书局 1993 年版,第 69 ~ 70 页。

③ 黄丕烈:《黄丕烈书目题跋》,《清人书目题跋丛刊》六,中华书局 1993 年版,第 70 页。

校宋本相对，亦多有不同。

嘉庆时，吴中藏书以黄荛圃、周香严、袁寿阶、顾抱冲为四大家，后尽归汪士钟，黄荛圃的宋本《管子》并归汪氏艺芸书舍。汪士钟取宋本元本别编其目，有《艺芸书舍宋元本书目》一卷。咸丰年间（1860 年前），汪士钟艺芸书舍藏书全部散佚，汪氏之书“铁琴铜剑楼实与海源阁分而有之”，墨宝堂本《管子》归山东海源阁，杨绍和按曰：“每半页十二行，行二十三字，注二十八字。卷一后有木记云：‘瞿源蔡潜道宅墨宝堂新雕印。’又末卷后有木记云：‘蔡潜道宅板行，绍兴壬申（1152）孟春朔题。’并巨山张嵲《读〈管子〉》一则，谓绍兴己未（1139），从人借得，舛错甚众，颇为是正，钞藏于家云云。案壬申乃绍兴二十二年，上距己未仅十二年，潜道所刊当即据张氏钞藏之本，在今日为最古矣。其中佳处，足正各本之谬者实多……皆与高邮王怀祖先生《读书杂志》所引相合，其他类是者，尚不能一二数，信知此本之可宝矣。同治癸亥八月二十九日东郡杨绍和彦合甫识于宋存书室（均在卷末）。卷首有刘氏伯温一印，黄氏、汪氏各印。”①据杨绍和的按语，墨宝堂本在卷一后和末卷有瞿源蔡潜道宅墨宝堂的标记，并表明刊行年月是在绍兴壬申孟春之朔。书后有张嵲《读〈管子〉》，证明此本与南宋具杨忱《序》的浙江刻本当是同出一源。将杨绍和的校录与南宋浙本《管子》比较，可知两宋本《管子》版刻内容尽管多有相同，然仍有微异，可能在刊印过程中浙江刻本与墨宝堂本又分别有校改，而形成不同源流。清末战乱甚多，墨宝堂本《管子》后从杨氏海源阁流出，傅增湘 1927 年在天津曾经见到，《藏园群书经眼录》有著录。② 此本现在俄罗斯。

① 杨绍和：《楹书隅录·初编·卷三》，《清人书目题跋丛刊》三，中华书局 1990 年版，第 481 页。

② 傅增湘：《藏园群书经眼录》第三册，中华书局 1983 年版，子部，第 570～571 页。傅增湘云：“《管子注》二十四卷，唐房玄龄撰。宋刊本，半叶十二行，行二十三字，注双行二十八字。卷一后有木记云‘瞿源蔡潜道宅墨宝堂新雕印’。有黄丕烈跋二则，并录陆贻典跋二则。（海源阁书，丁卯十月廿九日见于天津，索四千元。）”

第四章　明代《管子》版本

明代雕版印刷事业繁荣，现今的主要《管子》传本中，明刻本起到了承上启下的作用。特别是明刻刘绩《管子补注》本，具有南宋墨宝堂本的版刻特征，对于校勘今本《管子》具有重要的文献价值。明代万历年间刊刻的赵用贤本《管子》则汇聚南宋浙刻本与明代刘绩《管子补注》之优长，是从刊印之后，直至中华书局黎翔凤《管子校注》出版之前，影响最大的一个本子。《中都四子集》本《管子》因为影响甚大，故做出探讨。此外还对《管子榷》与凌汝亨本《管子》做出考察。

第一节　刘绩《管子补注》

《管子》书自刘向校录之后，内容基本确定，唐代尹知章作《管子注》后，主要以有注的形态流传。《管子》版本主要有三种，其一是南宋绍兴年间浙江刻本；其二是明刻刘绩《管子补注》本，傅增湘定为弘治刊本；其三是明万历十年赵用贤《管韩合刻》本。明刻刘绩《管子补注》本，是《管子》研究中一个比较重要的版本。因为《管子》版本，除了南宋浙本，以明刻刘绩本为最早，万历七年朱东光《中都四子集》本即翻刻此本，万历十年赵用贤《管韩合刻》本《管子》眉批亦移录于刘本。赵用贤本《管子》校改的篇内文字与刘绩本也有一致性，说明赵用贤本吸收了刘绩本的成果，赵本是在浙刻本和刘绩本基础上形成的新版本。

与稍后的赵用贤本比较，刘绩本《管子补注》现存书数量少，无影印本，但内容完整，可以补足浙刻本内容，用字也保存古字古义，能帮助考订浙刻本文字。刘绩本与浙刻本同源于尹知章《管子注》，但在刊刻过程中又有小异，因为浙刻本注释中许多反切注音，刘绩本无，而多了二十余条浙本没有的注解。刘绩以“绩按别本《注》”为标识，修订《管子》原注，《四库提要》云“于旧解颇有匡正”，此外，还有二十九条不同于今本《管子》的注释，注释集中于“经言”“外言”“短语”部分，卷数集中于前十五卷。就内容来说，注者似更重视阴阳、儒家治国理论，注解多包含浙刻本《注》的内涵，并有所引发。注释比较集中于几个章节，说明注解的人对某些篇章进行了比较深入的研究，这些注解，可能在尹知章注之前就已经存在，在尹注产生之后继续流传，并且经过修订，所以语句精练，内容包含更为深广，对我们理解《管子》原文颇有帮助。刘绩《管子补注》中的“别本《注》”，来源比较复杂。因为在朱熹《仪礼经传通解》中，内有《弟子职》一篇，注释有与刘绩本注接近的地方，而刘绩为明初人，则朱熹所见到的《管子注》必然还有别的来源，朱熹云“今分章句参以众说”，说明其注并非一家之言。《管子》历经汉魏晋南北朝，在其传播过程中，必然会有作注者。至唐代尹知章全篇注解，尹注成为《管子注》的主要形式，但是其他形式的注解还在流传，这些注解在浙本中没有刊刻，刘绩本中有所收入，到赵用贤本刊印时，赵氏采其部分，刊在上栏。刘绩本中《管子》“别本《注》”，语言比较精练，解释意义更为深刻，是对浙刻本《管子注》的有力补充。这些注解对理解《管子》的原文和《管子注》的传播源流有帮助。浙刻本在刊刻的过程中有脱句，刘绩本有所补充。在将南宋初浙刻本与刘绩本比对过程中，我们发现有些关键用字，两本存在不同，有些用字以刘绩本为长。浙刻本有脱字漏字的讹误，亦有因为字形相近而产生的讹误，刘绩本可为之补正。

刘绩是明初著书颇丰的学者，刘绩本《管子补注》现存善本甚少，主要藏于国家图书馆。南宋初浙刻本，注中标明的字音注释，特别是反切注音，刘本往往没有。两个版本差异甚大，注释位置亦有不同，刘绩本除随文增加注解，更加有利于原文的理解之外，还增加二十余条浙刻本原来没有的注解，这对推测《管子》的版本和注释源流有帮助。刘绩本的版刻没有目录，每卷之下也没有卷内篇名。刘绩本补充浙刻本内容，用字能够订正浙本的不足。

第二节 《中都四子集》本《管子》

明朝初年，刘绩《管子补注》刻印，万历七年（1579），朱东光诸人翻刻。当时朱东光官分巡淮徐道，与凤阳知府张登云刊《中都四子集》，郭子章奉使凤阳，为之题词。因明初设中立府，府治在安徽凤阳，定为中都，故"中都四子"又称"中立四子"。《中都四子集》本《管子补注》于明万历七年由朱东光诸人翻刻刘绩本而成。

《中都四子集》本《管子补注》，前有《管子传》，题"汉龙门司马迁撰"，摘自《史记》，自"管仲夷吾者，颍上人也"，至"管仲卒，齐国遵其政，常强于诸侯"。次为郭子章《管子题辞》，说明刊刻的缘由。下为正文，以《管子》卷一为例：卷端题"《管子》卷之一"、"唐房玄龄注释"、"芦泉刘绩增注"、"临川朱东光辑订"、"宁阳张登云参补"、"休宁吴子玉翻校"、篇名"《牧民》第一"。题目下是双行小字："国颂、四维、四顺、士经、六亲、五法"，下为"经言一"。

《管子传》，题"汉龙门司马迁撰"，内容如下：

> 管仲夷吾者，颍上人也。少时常与鲍叔牙游，鲍叔知其贤。管仲贫困，常欺鲍叔，鲍叔终善遇之，不以为言。已而鲍叔事齐公子小白，管仲事公子纠。及小白立为桓公，公子纠死，管仲囚焉。鲍叔遂进管仲。管仲既用，任政于齐，齐桓公以霸，九合诸侯，一匡天下，管仲之谋也。管仲曰："吾始困时，尝与鲍叔贾，分财利多自与，鲍叔不以我为贪，知我贫也。吾尝为鲍叔谋事而更穷困，鲍叔不以我为愚，知时有利不利也。吾尝三仕三见逐于君，鲍叔不以我为不肖，知我不遭时也。吾尝三战三走，鲍叔不以我为怯，知我有老母也。公子纠败，召忽死之，吾幽囚受辱，鲍叔不以我为无耻，知我不羞小节而耻功名不显于天下也。生我者父母，知我者鲍子也。"鲍叔既进管仲，以身下之。子孙世禄于齐，有封邑者十余世，常为名大夫。天下不多管仲之贤，而多鲍叔能知人也。管仲既任政相齐，以区区之齐在海滨，通货积财，富国强兵，与俗同好恶。故其称曰："仓廪实而知礼节，衣食足而知荣辱，上服度则六亲固。四维

不张，国乃灭亡。下令如流水之原，令顺民心。”故论卑而易行。俗之所欲，因而予之；俗之所否，因而去之。其为政也，善因祸而为福，转败而为功。贵轻重，慎权衡。桓公实怒少姬，南袭蔡，管仲因而伐楚，责包茅不入贡于周室。桓公实北征山戎，而管仲因而令燕修召公之政。于柯之会，桓公欲背曹沫之约，管仲因而信之，诸侯由是归齐。故曰：“知与之为取，政之宝也。”管仲富拟于公室，有三归、反坫，齐人不以为侈。管仲卒，齐国遵其政，常强于诸侯。

郭子章《管子题辞》，内容如下：

郭子章曰：盖颍上自胜国以前则隶汝宁云。高皇帝起，中都始为三辅属地，而管敬叔遂为中都人也。余读《弟子纪》，则管子亦能知学者。其言曰：“道之在天者，日也。其在人者，心也。”而谆谆处虚守静为言。其论治切名实，如尺寸寻丈不可差以长短，固非漫无见而尝之者比。或以其治齐，董以切身，不能及于继世。苏氏以不能荐人自代为其嗛。岂然也。其言曰：“万世之国，必有万世之宝，必因天地之道。”桓公能终用其言，虽万世可也。论治之要，在于得人。人君所以取昭名广誉，厚功大业，显于天下，不忘于后世，非得人者，未之尝闻。而负兹之时，荐隰朋以代己，数十言不置。又及于鲍叔牙、宾胥无之四子，其如嗺嗺欲啮我猳，何乎？苏氏之言，未考竟耳。朱元曦曰：“即如论隰朋，‘齐国之币，握路家五十室，其人不知也’。不有疏义，讵能解免？”余曰：唐房氏有注，刘绩为之补。自宋人削去，鲜有刻本。即藏书如杨用修，以不见房氏注为恨。余于闽见之，然亦略矣。夫握者何？满也，币帛满于道路而无数也。室者何？妻也。家五十室者何？言妻妾之众也。然朋之为人，有所不贪不近，正所谓国有不知政，家有不知事也。而房乃曰：“握，持也。或有举齐国之币，持与路旁之家五十室，其事大而且易显。”又岂然哉？既攀龙得刻本于博士王生，而为参补之。

四子本秉承刘绩本特点，前无目录和序跋，每卷之下无本卷篇章目录，卷下是篇题和正文。四子本刻印时，盖不知道刘绩为何时人，故将刘绩与房玄龄并题，又据《管子题辞》郭子章曰“唐房氏有注，刘绩为之补，自宋人削去，鲜有刻本”，说明刊印者将刘绩当作宋代之前的人。郭沫若顺此思路，在《管子集校》中曰补注《管子》者当是辽人刘绩，因为朱东光《中都四子集》本和赵用贤《管韩合刻》时间与明孝宗最末一年，即弘治十八年，相隔仅七十余年，朱、赵不知其人。此说王欣夫已于 20 世纪 50 年代著文驳之[①]，论证作《管子补注》者刘绩即明初芦泉刘用熙。

与刘绩本相较，此本用字比较正规；补充刘本的脱漏文字；改正刘本因字形相近、音同或音近、因涉上下文而产生的讹误；改正刘绩本的重复字词和其他讹误。但是，在对刘绩本进行校改时，亦有讹误。包括刘本有讹误，四子本亦误；或刘本不误，四子本误改者。四子本有补充刘绩本的句子，亦有漏刻。与刘绩本相较，四子本大量的注释没有刊印，这些注释主要分布于《管子》前二十篇。与南宋初浙刻本相较，有些句子刘绩本、四子本并少；亦有刘绩本、四子本并为浙刻本作补充者。相较于浙刻本，刘绩本、四子本反切注音较为少，但是有二十余条浙刻本没有的注解，可为解读《管子》和考察《管子》注释的传播源流提供帮助。刘绩本因其自身的刊刻有先天不足，流传并不甚广，至清代如王念孙、王引之父子研究《管子》作《读管子杂志》时，没有见到此本，而以朱东光《中都四子集》本和赵用贤《管韩合刻》本为校对和考证的主要依据；戴望《管子校正》亦主要参考四子本，可见四子本在有清一代流传甚广。明刻刘绩《管子补注》，据笔者知见，主要是藏于国家图书馆，其他地方难以见到；四子本因为《丛书集成续编》影印之故，较易见到。我们在考察和运用四子本时，应当注意此本与刘绩本刊印的不同，因为四子本与刘绩本虽为一个系统，但是四子本对刘绩本有所校改。

第三节　赵用贤本《管子》

赵用贤本《管子》刊刻于明万历十年（1582），是《管韩合刻》本的一部

① 王欣夫：《郭沫若先生“管子集校叙录”之商榷》，《学术月刊》1957 年第 6 期，第 56 ~ 68 页。

分。赵本自刊印之日起，影响甚大，其后许多版本如凌汝亨本、吴勉学本、浙江书局《二十二子》本、《百子全书》本均题据赵本刻印。赵本《管子》还有清光绪二年浙江书局校刻本，对明刻本在文字上有所校改。

赵用贤本《管子》，与《韩非子》一起刻印，称为《管韩合刻》本。因为与《韩非子》合刻，故首列王世贞《合刻管子韩非子序》，次赵用贤《管子书序》，次刘向《管子叙录》，次《管子凡例》，次《管子目录》，次《管子》正文，最后为《管子文评》。

王世贞《合刻管子韩非子序》说：

> 汝师之为诸子。于道，好《庄周》《列御寇》。于术，好《管子》《韩非子》。谓其文辞亡论高妙，而所结撰之大旨，远者出人意表，而迩者能发人之所欲发于所不能发。顾独《管子》《韩非子》不甚行世。即行而其传者，多遗脱谬误，读之使人不胜乙，往往不尽卷而庋之高阁。于是悉其资力，后先购善本凡数十，穷丹铅之用，而后授梓。梓成，谓世贞曰："子其序之。"世贞曰：唯夫敬仲欲存纠于齐，不得改而缚于小白，卒相之，为天下万世荣。非子欲存韩于秦，不得改而走秦，卒受僇，为天下后世笑。夫见荣之与见笑于人也，奚啻隔霄渊。虽然，是二君子者，其始宁不欲出奇捐生以殉所事哉？然而奇有所不得不屈，奇屈而生，有所不得不爱。爱生而欲有所自见，则不得终避雠敌，甘心焉而臣事之。夫二君子者，其所以爱生一也。然而有相有僇者，何也？齐不成霸形，而桓公之霸心发，则机合。机合，仲不得不重。秦并天下之形成，亡所事非，而非以并天下说之。欲胜其素所任之臣，而自擅功，则机不合。机不合，非不得不轻。夫岂唯轻而已，秦之幸非之利秦以不若虞非之利韩远也。今夫始皇者，固暴伉嗜杀人也，然其明智宁出齐桓之下？鲍子一荐仲而立相，李斯一间非而立僇，非二子之工于荐与间若是也。势也。夫势之所在，则天也。天不欲南泽楚北泽戎狄，而蚕食周，故委仲于齐，以为周屏翰。天不欲硕果韩、芽五国，弃而授之秦，而转授汉，故听非子庚绁仰药而不之恤。夫鲍子者，助天为福者也，非能为福者也。李斯者，助天为虐者也，非能为虐者也。然则管子与非子材班乎？曰恶乎班。

夫管子者,太公亚也。太公所毗,父子皆圣。辟其用,国三分之二也,而以当必涣之。受管子之毗,中人也。其用,国九分之一也,而以当方劲之楚与戎狄。然则太公伸而周王,管子抑而齐霸。周不太公不废王,齐不管子不为霸,固也。不然而管子之书尚在,其论四维,辨心术,亦宁无敬怠义欲之微旨一二乎哉?孔子盖深知之,故慨然而叹曰:“如其仁!如其仁!”世固未有不仁其德而仁其功者。非子之所为,言虽凿凿辨,捍衡名实,推见至隐,而其伎殚于富强而已。秦不用非不害为天下。以秦之守,守之必亡,用非可以并天下。并天下而以秦之守,守之无救亡。夫并天下之与亡俱等,亦安得博非子?是故非子之于霸若不足,而管子之于霸盖有余也。然则文殊乎?曰:“不殊也。”管子,齐巨卿也。诸法语名迹,门人家老能笔之,稷下之学士大夫能饰之。其于文也,辨而核,肆而典,能为战国始者也。韩非子,韩之疏属公子也。有所著述,以发其蓄而鸣其不平。其于文也,峭而深,奇而破的,能以战国终者也。毋论吾洙泗家言以较鲁儒之左准右绳,差不类。然何至権名法家苛察皦绕,错若惠施、公孙龙之泛滥诡悖哉?其言各十余万而羸,度不能无传,而小有益者。要之,非西京以后传益也,吾故曰不殊也。盖管子之言后见汰于孟氏,而极于宋。韩子之言,太史公若心喜之,而列之《老子传》。唐以尊老子,故析之。宋以绌老子,故复合之。其析其合,要非以为韩非子也。嗟夫,儒至宋而衷矣。彼其睥睨三代之后,以末世无一可者,而不能不心折于孔明。乃孔明,则自比于管子,而劝后主读韩非子之书,何以故?宋儒之所得浅,而孔明之所得深故也。宋以名舍之,是故小遇辽,小不振;大遇金,大不振。孔明以实取之,是故蕞尔之蜀与强魏角,而恒踞其上。嗟夫!汝师之所为合刻也,其悠然而抱膝也,毋乃有世思哉。汝师曰:“否。吾嗜其文辞,若荐三簪者,以味荐而已矣。”

赵用贤《管子书序》的内容是:

《管子》旧书,凡三百八十九篇。汉刘向校除其重复,定著为八十六篇。今亡十篇。近世所传,往往淆乱,至不可读。余行求古善本,庶几遇之者几二十年，始得之友人秦汝立氏。其大章仅完整，而句字复多纠错。乃为正其脱误者逾三万言，而阙其疑不可考者，尚十之二，然后《管子》几为全书。夫五伯莫盛于桓公，而管仲特为之佐。自其事羞称于圣门，而其言悉见绌，以为权谋功利，学者鲜能道之。及余读是书，而深惟其故，然后知王者之法莫备于周公，而善变周公之法者，莫精于管子。何者？方周之兴，去隆古沕穆之风未远，而后稷、公刘，其深仁厚泽又培之于数百年之久。盖风会既启，而文明犹郁。周公起而当制作之任，其法制之绸缪，文章之繁猥，诸所经画，莫不犁然具举。而天下且以鸿庞淳固之俗，始向利于宪度著明之后，故其法虽密，而其服习者，亦能安之而不悖。周室既衰，诸侯日寻于干戈，谋臣察士，竞出其智力以相胜。苟必兢兢于先王之约束，而执不移等，则势有所格，而其术必有所穷，非救时之宜矣。管子固天下才也，岂其智不及此乎。是故当其谋之于垂缨下衽之日者，不过审旧法，择其善者而从之。又其要则在事可以隐，令可以寄，政使诸侯不吾虞，而吾猷安国富民，以取盈于天下。故其书如《牧民》《乘马》《幼官》《轻重》诸篇，大抵不离《周官》以制用，而亦不尽局于《周官》，以通其变。今考其说，所谓叁国为三军者，即伍两卒旅之旧也。因罚备器用者，即两造两剂之遗也。选士首以好学慈孝，而且及于拳勇股肱，亦兴贤之故典也。铸币藉以黄金刀布，而并及于鱼盐针铁，亦圜府之旧章也。他如五势三准诸说，不过积余藏羡，待之于国。诸侯不服，吾可以战。诸侯宾服，吾可以行仁义。盖周公之法，其樊然结约者，要以率民于善。仲直师其意，不袭其故，一更之为截然夷易，而作民于战。故其言曰:精时者少日而功多。又曰:吾欲正卒伍，修甲兵，而大国亦将修之。吾有攻伐之器，而诸侯有守御之备，是难以速得志。此仲之所以立法意也。夫白刃捍胸，则目不见流矢。拔戟加首，则十指不辞，断明缓急之有所先也。使仲当诸侯力政之日，必欲举王制而井田吾民，象刑吾法，毋招权勇，毋榷盐铁，不逾时而国且饱于敌矣，安能以区区之齐，伸威海岱，而成其一匡之绩哉。昔者苏轼氏盖论仲之变法，而曰王者之兵，非以求胜，故其法繁而曲。霸者之兵，求以决胜，故其法简而直。然则谓仲之用法，异于周公之意则可，而谓其法之尽诡于周公,则不可。故曰:古今递迁,道随时降,王霸迭兴,政由俗革。吾以为周公经制之大备,盖所以成王道之终。管子能变其常,而通其穷,亦所以基伯道之始。夫亦势之所趋,有不得不然者乎。虽然,非仲之轻于悖周也。当太公之治齐,五月而报政曰:吾因其俗,简其礼。至三年,而伯禽之报政,周公且訾之曰:夫政不简不易,民不有近,鲁终北面而事齐矣。意者太公之治,有不尽仿于《周官》,而史盖称其通商贾之策,便鱼盐之利,人民归齐,齐称大国,盖自太公,而齐故以富强名于列国。仲特因齐之故而修业耳,非一无所昉袭而创为之者也。世之谭者曰:帝降而王,王降而霸。自仲之说行,一变而入于夸诈之习,其末极于秦鞅。尽去先王之籍,而流毒天下,遂以管商为功利之首。夫商君惨礉少恩,卒受恶名于秦。而仲之政,饰四维,固六亲,其论《白心》《内业》,不可谓无窥于圣人之道,而徒以刀锯绳民如商君者,故虽吾夫子亦且大其功,而以如其仁归之。奈何跻鞅于仲也。余惧夫读是书者,不揆其修政立事之原,而徒辱之以权谋功利,使管子之所以善用周公者,其道不明于天下也。故为之梓其书,而复论著其大略于篇首云。万历壬午春三月,前史官吴郡赵用贤撰。

赵用贤高度称赞管仲的功业,认为管仲变周公之政,是社会环境变化的结果。管仲亦非如商鞅那样刻薄寡恩,其《白心》《内业》篇,颇可窥见圣人之道,故赵用贤在刊印《管子》的时候,为之订正文字讹误,为之《序》,以明《管子》之大略。

刘向《管子叙录》,内容与南宋浙江刻本刘向《书录》同,此处省略。

赵用贤本《管子凡例》,内容如下:

一　《汉志》,《管子》八十六篇,吴竞《书目》凡三十卷,今据旧本诠次,其《王言》《正言》《言昭》《修身》《问霸》《牧民解》《问乘马》《轻重丙》《轻重庚》共亡十篇,列为二十四卷。其吴竞所次卷目,今不可考。

一　《管子注》出房玄龄,或云出唐国子博士尹知章,其讹谬穿凿,《日抄》论之甚详矣。芦泉刘氏绩间为补定,简明贯穿,多所发明,第宋本俱不载，而近刻舛错，每每至不可句。今据宋本校订，而刘绩所注，其最切当者，列之篇首，皆冠以按字。其间有愚见所标注者，亦杂见篇首，得百一耳。

一　《管子》书多古字，如“专”作“抟”，“忒”作“貣”，“宥”作“侑”，“况”作“兄”，“释”作“泽”，此类甚众。《大匡》载召忽语曰：“百岁之后，吾君下世，犯吾命而废吾所立，夺吾纠也。虽得天下，吾不生也，兄与我齐国之政也。”而注乃谓：“召忽呼管仲为兄。”曰：“泽命不渝”，而注乃以为“恩泽之命”，甚陋，不可遍举。书既雅奥难句，而为之注者，复缪于训释，故益使后人疑惑不能究知。今悉从宋本刊定，不敢轻加更易，其古文字间有不可考者，皆为标识篇首，以俟有识者共订正焉。

一　《管子》新本，每遇长篇文字，至更端处，皆别为一行。其间不能无分析太过之弊。今皆按宋本校正，其文义当隔别者止为一其处，以识章目所分。其新本应合而分，应分而合者，今悉为厘正。

一　《管子》书文辞古奥，既不易读，而近板数家皆承讹袭谬，杂乱支离，读者至一二卷后，往往厌弃，几成废书。今按宋本更正比次，无下数千百余处，其间尚有一二阙文误字，不可解不可句者，第疏之篇首，不敢强为附益，俟海内藏书家或更有善本，重加辑定，实此书之幸也。

一　按张巨山绍兴已未写本云，从人借得，读者累月，始颇窥其义训。然舛脱甚众，其所未解尚十二三，则是书之讹谬难读，其来久矣。今详定句读，悉通融上下文义，间有房注误句，而芦泉氏所更正者，皆列疏于上，使览者易以研解也。

赵用贤《管子目录》部分，首先列卷数，其次为篇名，最后云：“右二十四卷，凡八十六篇（内十篇亡）。”

赵用贤本《管子》正文，以第一卷为例，首为“管子卷第一 明吴郡赵氏本”，次“唐司空房玄龄注”，次为本卷篇目“牧民第一 形势第二 权修第三 立政第四 乘马第五”，次为第一篇篇名“牧民第一”，篇名下有双行小注“国颂 四维 四顺 士经 六亲 五法”，为篇名内的章节名。次为“经言一”，是《管子》内容的分类。

《管子文评》的内容如下:

1. 刘勰曰:《管晏》属篇,事核而言练。

2.《汉志》:道家《管子》八十六篇,《孝经》有《弟子职》一篇,是管子所作,在《管子》书。

3.《傅子》曰:《管子》之书,半是后之好事者所加,《轻重篇》尤鄙俗。

4. 孔颖达曰:《轻重篇》或是后人所加。

5. 晁氏曰:刘向所定,凡八十六篇,世称齐管仲撰。杜佑《指略》云:"唐房玄龄注。"其书载管子将没,对桓公之语,疑后人续之,而注颇浅陋,恐非玄龄,或曰尹知章也。予读仲书,见其谨政令,通商贾,均力役,尽地利,既为富强,又颇以礼义廉耻化其国俗,如《心术》《白心》诸篇,亦尝侧闻正心诚意之道,其能一天下,致君为五霸之盛,宜矣。

6. 苏子瞻曰:尝读《周官》《司马法》,得军旅什伍之数,其后读管夷吾书,又得管子所以变周之制。盖王者之兵,出于不得已,而非以求胜敌也。故其为法,要以不可败而已。至于桓文,非决胜无以定霸,故其法在必胜。繁而曲者,所以为不可败也。简而直者,所以为必胜也。

7. 叶水心曰:《管子》非一人之笔,亦非一时之书,莫知谁所为。以其言毛嫱、西施、吴王好剑推之,当是春秋末年。又持满定倾,不为人客等,亦种、蠡所遵用也。其时固有师传,而汉初学者讲习尤著。贾谊、晁错以为经本,故司马迁谓读管氏书,详哉其言之也。篇目次第,最为整比,乃汉世行书。至成、哀间,向、歆论定群籍,古文大盛。学者虽疑信未明,而管氏、申、韩,由此稍绌。然自昔相承,直云此是齐桓、管仲相与谏议唯诺之辞。余每惜晋人集诸葛亮事,而今不存。使管子设施果传于世,士之浅心既不能至周孔之津涯,随其才分亦足与立,则管仲所尝亲经纪者,岂不足为之标指哉?惟夫山林处士,妄意窥测,借以自名,王政始变,而后世信之,转相疏剔,幽蹊曲径,遂与道绝。而此书方为申、韩之先驱,斯、鞅之初觉,民罹其祸,而不蒙其福也。哀哉!

8. 又曰:管氏书,独盐策为后人所遵,言其利者,无不祖管仲。使之蒙诟万世，甚可恨也。《左传》载晏子言海之盐蜃，祈望守之，以为衰微之苛敛。陈氏因为厚施，谋取齐，而齐卒以此亡。然则管仲所得，齐以之伯，则晏子安得非之。孔子以器小卑管仲，责其大者可也。使其果琐猥为市人不肯为之术，孔子亦不暇责矣。故《管子》之尤谬妄者，无甚于《轻重》诸篇。

9. 周氏《涉笔》曰：《管子》一书，杂说所丛，予尝爱其统理、道理、名法处，过于余子。然他篇自语道论法，如《内业》《法禁》诸篇又偏驳不相丽。虽然，观物必于其聚。《文子》《淮南》徒聚众辞，虽成一家，无所收采。《管子》聚其意者也，粹羽错色，纯玉间声，时有可味者焉。

10. 陈氏曰：按《汉志》，《管子》八十六篇，列于道家。隋唐志著之法家之首。今篇数与《汉志》合，而卷视隋唐为多。管子似非法家，而世称管、商，岂以其标术用心之故同耶？然以为道家，则不类。

11. 黄震《日抄》曰：《管子》之书，不知谁所集，乃庞杂重复，似不出一人之手。《心术》《内业》等篇，皆影附道家以为高。《侈靡》《宙合》等篇，皆刻斫隐语以为怪。管子责实之政，安有虚浮之语？《牧民》篇最简明，其要曰："仓廪实则知礼节，衣食足则知荣辱。""礼义廉耻，国之四维。四维不张，国乃灭亡。"此《管子》正经之纲，苟得王者之心以行之，虽历世可以无弊。秦汉以来，未有能践其实者也。其说岂不简明？《大匡》篇，管子行事之日，聚见此书，其次第皆可按而考，然其说似粉饰之以夸功。若《轻重》篇要皆多为之术以成其私，琐屑甚矣，未必皆管子之真。其书所载鲍叔荐仲与求仲于鲁，及入国谋政与弋廪鸿飞、四时三弊、临死戒勿用竖刁等说，皆屡载而不同。或本文列前而解自为篇，或并篇，或无解，或云十日斋戒以召仲，觞三行而仲趋出，又云乐饮数旬而后谏。自相矛盾，若此不一。故曰似不出一人之手。

12. 又曰：《管子》注释，最多抵牾。《四伤》之篇，误名《百匿》，而以《四伤》名《七法》之篇。《幼官》篇首章云：若因夜虚守静，人物则皇。其后方之图，本可覆也。乃衍"人物"二字，不知参对。而以夜虚为句，守静人物自为句，方以人物则皇为句，而曲为之说曰：听候人物也。守静岂听候之义也？《幼官》五图，以"形生理"为句，而中央之注，独以

"形生"属上文。《明法》篇,以比周以相匿为句,而下又云忘生死交,其后方之《明法解》可覆也。乃缺一"故"字,不知参对,而以相为匿是为句,而曲为之说曰:匿公是而不行也,不知比周以相匿者,匿其非尔。比周何是之有乎?《形势》篇云:天地之配也。地字误作下字,亦未正。《五法》之章曰:天下不患无财,患无人以分之。分如分地之利之分,言有人斯有财耳。乃释云可以分与财者,贤人也。殊非章旨。《立政》之章曰:道涂无行禽,指人言之。谓其为能行之禽耳,乃释云无禽兽之行,是以行为去声,亦觉不伦。《版法》篇云:悦在施爱有众在废私。今因缺文,而云:悦在施有众在废私,不成文矣。其他难概举。

13. 杨忱《序》曰:《管子》论高文奇,虽有作者,不可复加一辞。

14. 张嵲曰:《管子》,天下奇文也。《心术》、《白心》上下、《内业》诸篇,是其功业所本。

赵用贤抄录的《管子文评》,非为原文抄录,而是有省减。如黄震《日抄》部分,省减大量文字,为求文从字顺,自己又加入概括性文字。

赵用贤本《管子》内容的主体部分和段落划分,主要依据南宋浙本;又据刘绩本补足浙本脱文,修订篇章文字,修改篇文内部顺序,对于刘绩本增注和多出的注解,选取刻于上栏;赵用贤时出己见,所言亦刻于上栏。赵用贤本题"唐房玄龄注,明刘绩补",充分说明赵本是在浙本和刘本之上,吸收两本之长而形成的新版本。赵用贤本在南宋浙江刻本、明刻刘绩《管子补注》和朱东光《中都四子集》本《管子》之后,但是,赵本较此前此后的《管子》版本影响更大,文献价值更有其优长之处,究其原因,主要在于以下几个方面:

其一,赵用贤本《管子》是内容最为完备的一个版本。现存最古的南宋浙本,刻印精审,保存古字古义,用字与汉简多相合,然内有阙页,有脱漏语句。刘绩本在尹知章"注"的基础上作"补注",有助于理解《管子》原文。与浙本相较,刘本段落划分较细,多出二十余条注释,但脱文较多。赵用贤本应当是将南宋浙江刻本《管子》和明刻刘绩《管子补注》本全文作了比对,将两本中脱漏的文句标出,将衍文亦标出,补充浙本、刘绩本脱漏的文句,删减衍文,修订《管子》篇章内容顺序,因而在形式上成为最为完备的一个版本。

其二,修订文字。将南宋浙本和刘绩本文字的不同作比对,择优选取最佳之文字刊印。宋本多俗字、古体字,赵本刊刻时,则以通行文字刊行,符合明清时期读者的阅读习惯。

其三,择取刘绩本中最有代表性的注解刊印于上栏,和原注区分明显。赵用贤又将己意以注解的形式刊刻于刊本的上栏,颇便于观览。

与南宋浙本和明刻刘绩《管子补注》本相较,赵用贤本内容更为完备,刻印精审,所以一经刻印,影响甚大,众多版本以此本为刊刻和研究的依据。除前面所提到的版本,吴勉学本、朱养和花斋本、葛鼎本等亦以赵本为母本;清代学者宋翔凤、王念孙、戴望等研治《管子》,多以赵本为底本,形成多种文献。至光绪二年,浙江书局重刊明本《管子》,校改明本讹误,印刷更精,内容有所不同。学者如许维遹以清刻赵本当作明刻本,研究成果出现偏差,这是需要注意的。

第四节　朱长春《管子榷》

《管子榷》,明朱长春撰,万历四十年(1612)张维枢刻,中国科学院图书馆藏,齐鲁书社《四库存目丛书》影印。

此本首《管子榷自序》,题"九洞天苻道人朱长春"撰;次为《管子榷序》,为张维枢所撰;次《校管子旧序》,题"五湖太复朱长春"撰,实是《史记・管晏列传》中的一段摘文;次赵用贤《管子书序》;次刘向《管子书录》;次杨忱《管子序》;次《管子榷凡例》;次赵用贤《管子凡例》;次《管子文评》;次《管子目录》。

著者朱长春,字太复,乌程人。万历四年丙子科举人,万历十一年癸未科进士,历知尉城、常熟、信阳三县,入为刑部主事,以事削籍。著有《甲集》五十二卷,《乙集》三十八卷,《管子榷》二十四卷。好道。姚之骃《元明事类钞》卷十七云:"朱大复好仙,罢官后,修真炼形。常累几案数十重梯而登其上,反手跋足,如鸟之学飞以求翀举,堕地伤重,仅而不死,人争揶揄之。"①好

① 姚之骃:《元明事类钞》,1986年台北商务印书馆影印文渊阁《四库全书》,子部884,第279页下。

诗歌,《御选明诗》选其诗数首,能反映他的好道之情。刊刻者张维枢,字子环,福建泉州府晋江人。万历二十六年进士,天启六年巡抚陕西都御史,曾任宁夏河东道,著有《澹然斋集》三十卷。《明文海》收有张维枢的一些作品。

朱长春《管子榷自序》内容如下:

帝之世无法,神道成,务王之世有法缘道。陈常伯之世法,始岐道而出。及伯之衰,而法遂与道为寇,刻核至甚耳。必反其始,定以不离道最近。夫道自羲皇,先天图易以来,爻画法象造化,仪神理存,人事浃,夫子推要于心,藏之密用,以归聪明神武不杀。不杀,元之大仁,生生之易也。道固以自生,而生万物者。予幼志读奇书,间尝校序《管子》,赏其文中多不解,壹求之法,颇不合本注。时谫浅抵迕,遇深文都无下意。自来名贤亦置疑,关无所按。证以为道,山中理旧,本授儿呫哔间,始知中多秘典。内言稽以道,苻置谛印大全,豁如也。居尝读内外传,历管氏行事,略所具。经国寄军于先王,井伍兵农师意不太远,乃其转移。因用内匡多欲之君,惕大虑。以外匡孱王庶侯而四伐九会。帖然大恬,有神用焉。区区富强名法数术效不至是,意其别有本业。如留侯之异授耶。今揽详《幼官》《五行》《白心》《内业》等诸篇,而后知《管子》原于道,不与申韩同科。虽未必得,亦不必行,尽合要于其苻天育神运变,耳目形物之表,可谓虚宗深本,有所善生,未极大生之元尔。夫子不予之,曰:"人也,如仁乎?"人具天地之生仁为所以生。夫子盖难言。当时宫墙高第,列国名卿,以问,骤曰:未知其非。功能犹理之显可知而圣门黜伯,乃以轻属管仲乎哉?固尝曰:正而不谲。正道也。仁道之大,易之元也。元运密移之谓仁。正衡匡邪之谓仁。存亡生灭之谓仁。奉天不违之谓仁。故曰:大者,宜居下,善救无弃。巽以行权,仲之伯行,实具有焉。计其所置于道而用弘,生以易,世甚多甚微。特寄法以行者。盖仲在老氏之前,生太公之国。太公道隐寿者于金柜阴苻密藏之玄书,意自羲黄以传有,独得真宗秘在府册。尚父大用之以启会朝。仲父小用之以定匡伯。按其载道论清虚要,密微而不幻,循天时,定人化函，纯白于心。元应转易于事用，葆之道，合廓之政，合足之演，河洛之宗，为道德之祖。吾定其非，尽管氏之书，必有渊源。出道典，采本其为性命养生家，大导宝符，甚具足奉持也。夫道至一至广，宇宙群品庶生，九流百氏，无不此出道世之舆也。唯驾为用东则东，西则西，用之尊法，驾大路九逵四巡，用之卑。巾柴刍挽之险，诡坂堑輹折而速败。《管子》弃道用而不诡不败，乃取途小耳。圣人所以病其器，病其任道之用者也。故桓公王伯之交，管子道法之交，其书则道法之杂也。半伪雄国法家荣士管利峻刑，强战之逸。传大易辩其文亦古近，大悬。初予稍稍订释脱数篇，为习道之故，已因儿执问，遂并卒其业。凡三権会，故文义发幽晦证舛错曰"通"，论文论世略表合累褒抑品目曰"评"，以所证向，独契抉玄，显用揭宗镜来通及政事之大略附以扬扢曰"演"。儒也，业于道，无事法山中偷生无用于世，倘以道精治绪治合统宗师帝王之应，荷或亦在是乎。虽非正经，可节取翼焉。往太守梁溪陈志行公过玄栖，见之，请刻未竟。今太守清源张子环公成其事，二太守皆好道，善治行，相济有冥合，且曰于决性蒿目者，发自救救时本术一大药，亦小补云。门人方大成书。

《管子榷序》内容如下：

今天下盛行《管子》，大要取其词以供纂组云尔。而至于篇多舛讹，字多鱼豕，义多晦奥，则姑乙之。西吴朱太复先生以文章主盟海内，中岁好道，五车二酉悉已废屏而独成《管子榷》。其凡例有三，曰通，曰评，曰演。抉玄刊误，会故标新，于是《管子》遂为全书。余过山中，问奇，得是篇而喜之。亟请以公诸锓。既成，先生属余序。余惟文盛于周，周召尚矣。嗣是以降，其著书而为一家言者，实自仲始。仲相桓，定伯书所论著，皆凿凿见诸行事。由今观之，其所行者，犹未必能尽是书也。且是书亦未必足以尽仲。仲之后诸言兵，言富强，言名法者，不可胜数。然总之原本于仲，综其功，实胥不及仲远甚。何者？彼皆得其粗而遗其精，沿其支流而非汇其全体也。抑微独此也。五伯，桓文为盛。按桓之始末远出文下而霸业顾反轶其上者,则非文之不能敌桓而狐赵诸贤之不能敌仲也。夫以狐赵诸贤拮据数十年而不足,而仲以一身运之数年而有余。嗟夫!仲岂易言哉?自微管之叹,见推于夫子而世之言仲者率以其功。朱先生乃独推其功而参之道,原其道而本之易。世儒高谈王略将无河汉。斯言噫是皆未深读仲书者耳。论张四维,陈五法,明时修政,因天用地,规谋宏远,不诡正经即如《白心》《内业》诸篇,所谓虚其欲,神将入舍。扫除不洁,神乃留处。思之不得,鬼神教之。不庶几与大易洗心研几之旨相冥合乎?夫圣人所以通志成务,莫大乎易,而英雄豪杰之士稍能窥见其微,亦往往神谋鬼谋,与时消息经世出世往来不穷。大约刚柔诎伸之际,变而通之。其道利用晦,推行鼓舞之妙化而裁之。其道利用,因仲之三北而不挫幽,囚而不辞也,善晦也,而其转祸以为福,转败以为功也,善因也。仲盖深于易者也,故能辅多欲之辟,成一匡之勋。臣主俱荣,身名并泰,概诸龙德,固非正中。要其伸缩自如,旋转莫测,抑所谓犹龙者耶?上下千古,唯范少伯、张子房、李长源差可与仲相仿佛耳。嗟夫!仲岂易言哉?晋人恒以《老》与《易》并称,得《易》之精者,宜莫如老氏五千言。其中窍妙,无若致虚极守静焉。而仲之复所于虚及中不静心不治等语,已先得之。故治世与养生之道一也。仲要不可谓无所窥见者。自朱先生始发其微而后人乃益知道之无津涯,《易》之不可为典要,王不得则不王,霸不得则亦不霸者也。先生栖岩辟谷,人望以为世外人而不知其惓惓然。欲以道善世者,如此其切,彼其榷《管子》也,非榷《管子》也,盖直藉以明道法之合,持王霸之衡,俾论治者有所折衷云尔。夫论至于道,则岂惟言为糟粕,即治功且为绪,余而《管子》胡以言之。先生又胡以榷之。先生曰:嘻!公毋深谈。吾亦取其词以供儿辈之纂组而已。万历壬子上冬吴兴太守闽张维枢子环甫顿首具,部民方大成书。

朱长春《校管子旧序》,内容如下:

尝观太史公曰:余读管氏《牧民》《山高》《乘马》《轻重》《九府》等

篇,详哉其言之也。已而观诸轻重所条米盐,偎屑可丑,如大驵良贾,素封文守之家,将唾不用,奈何?管氏以传此名乃知全书多杂,大都类是。夫管子伯图,大要三事。一曰法,二曰财,三曰兵。法如四维四顺,杂则为急,礅必诛财,如仓廪、衣食、乘马,杂则为朘削龙断。兵如《七法》《幼官》,杂则为设诈权以奇。夫使管子蒙诟万世,得罪儒家,而曲臣诡士资口为邪,则杂者过也。按管氏于春秋为齐良五伯十二侯贤大夫之首。能以区区海东抚弊之齐,起中衰大昏礼乱之末,佐外亡新定之公用。其臣民三岁治定,四岁教成,五岁兵出。以三万教士方行东西南北,每抗三,存亡国,九合冢君,以卫周天子。此非戋戋褊心之夫,刻急小察足用笼罩天下,驾使群后而莫詸议者谓其内反转移,阴中阳外,欺诸侯如来眩儿。又以挟兵胁四国以必从而变破师尚父古法。率其国人,盱卫奋臂,众走于功名,则大坏三代世风,乃法家开焉。故曰:管仲之器小,不勉至王,乃称伯哉?要以引经扶义束情从道,盖过扬善终信于同盟,其气象雍容犹王者之遗焉。为相三十余年,外无欺邻诈敌,内不施钺大臣公妇下,不草艾箕敛编民而倏然如《齐语》所志,内政军令具在。即局隘不可以王,亦岂如书所谈三事乃至,急削以诈乎哉?《春秋》凡变必书,晋搜书,郑竹刑书,鲁丘甲书亩税书。向使管氏用此书以相变乃居三国之首术,乃商韩吴白桑孔之酋长,孔子何用顾以如仁仁津津扬之也。大氐周衰道詘,至于雄国而祖伯贱王大甚。天下有口游谈长短之士,都用社稷。管氏为大宗,因自以其说系而祔之,以干时王,猎世资。田齐之君又自以席桓公敬仲祖烈为最胜夸一世而存雄。故其书杂者,半为稷下大夫坐议浮谈,而半乃韩非、李斯法家辈袭商君以党管氏,遂以借名行者也。故其书有春秋后之文,有战国之文,有秦先周末之文。其体立辨。夫稽古者如市宝器于滇之玉,渍山之珠,按名而索之少焉。杂以燕石越玑而市者不识也,则监正傍视而笑矣。且其买者,未必非所卖,安名善贾哉。《孟子》曰尚论古之人尽信书不如无书。以周本世,且不敢信其国志,乃当秦炎散出,所得索何呫呫章句,弗论乎?故愚以《列子》晚出,与《庄子》杂篇,与《管子》皆多伪,不可信。自经言外内言十二外言十半,短言区言十七杂篇十九轻重全于伪矣。又其解,自尹知章初注芜陋,刘绩所定复略,往往多舛碍读。间校而标之,约十得五,置其轻重篇弗论,庶其忠于管氏。

赵用贤《管子书序》、刘向《管子书录》、杨忱《管子序》,同赵用贤本《管子》,此处不录。

其次为《管子榷凡例》,内容如下:

一　《管》难解免亚于《庄子》。《庄》洸洋而《管》幽诡,又经漫漶行,无全本。原注开山穷源之功不可没也。其舛则支而肤,微言难中而道趣不入也。其□则径之不通于夷也。要以舛宁□□无谬舛则以盲引道,胥人而南辕北驾矣。凡此类,榷通于下,然而原文无窜易无批抹,指其车则得迷,与之鉴则知丑。何敢削?故迹多骈说以诋讥先正哉。莫为之先后者更难。

一　训故主于章句,训理主于意指。旧注烦说,又益之滋芜也。其得解者,不必解者都无下通,有通为以通不通尔。然书本幽深,有合发则义条而圆,卑辞则致琐而离。故所通多连合上下会证成文,不专主句,寻脉自见。又古人文不同后世,关键起结呼应显指又不同后世。词理比附,联络疏通,故《庄子》曰:虽参差而瑰玮。可观秦先之于春秋,先更悬矣。然而大义本旨,无不相属,往往有下意暗伏,用字阴挽种种,深文难以尽阐。非可直了,敢谓千虑之无失,或冀片训之立要,索之象外或可御之玄中。

一　评评其事理之合累,文辞之品第,然《管》之伪言十而七矣。旨既无奇,文复卑近。道法家恩之,将错用文章,家眯之,将累作其大列议于前,其细条附于下,要使玄珠不遗于谀诟,楚玉不冒于燕石,三立之传,将有取焉。

一　《管子》杂载道法两书,始下榷,本以疏道,后乃泛滥,卒业道微而秘。《管子》多古言流传,半入吊诡法则,有行于后,不戾于古者,有效于前,滋弊于后者。非演之,其秘不可得,而参其往与来,不可得而相印也。演为敷焉,申焉,究归焉,或畅彼之所长,或证己之所契,或合或离,或显或微，通其指可券于中，引其义，可弘于外，不主释解，多缘文议，非文不成一家之言，不标一义之宗。

一　《管子》之难，非独难于解，抑难于读本注舛于分句者多矣。今从榷定别，为点句，有义则疏之，无则句之。或又有而失于句者，要参之旧本。凡所更订绎，故可通。读者因句而求文，直下了然思过半矣。

一　唐注后绝无善本，旧有山东刻，鲁鱼棼庞半，不成义。今世所行，赵侍郎定宇先生《管》《韩》二子评本也，赖其考订，始得成诵。加以评骘，殊饶理解，所榷已入评正并发新义，仍标于上，不复下笔，唯删其觭迕繁碎，总以共宣遗文，翊赞古人为管之忠臣，无人我一也。刘氏不甚精讨，其已入赵本者，并存正焉。

一　赵本诸篇多有乙截，分段通详文义，有合分，有不合分。今壹去其乙，读者自解片合，无庸支赘。

一　赵本凡例诸条中解十七，不中十三。要论世者各以所见，标设一议，如汲于河采于山，非一家一种之可拘也。前人苦心而辑之，后人可盖识而撺之，即于书义未尽探精要大都具尔。今无损，裁以备揽酌。

一　此三榷出一时胸臆之，参以希百世旦暮之解，敢遂为不刊相冀不朽。聊自存，读者苦心未必尽符作者微志，且篇中多有诡奥连□疑不可点句，况可下意。尝谓《尚书古文》，商周之间诸篇驳屈，或经传授翻写，衍□难通。后儒强为据说，安知是书弊不坐此。咸阳火后，三代之全文眇矣。其所不尽、不合、不精、不核，或祈密心之士，别加裁定，或有藏密之家，出为印正。是在天乎？望之后人。

一　榷中评文，即文论世，即世论体，升降差等，正如书家四势时递不同，乃文之关于气运哉。然则豨韦氏之后，其谁能不波。况其末流，凡余所论，溯河于源，所谓商周之乐尽矣。若以三侯七德与象武并奏，恐圣人审音不止于未尽善也。书中长支漫调，为先秦滥觞亡几。其他狐裘羔袖，于后之羊质虎皮，犹有径庭焉。博识古服之士，于此会心。如揽古人数行真迹，自知后世临摹神骨大别，下笔便有贵气。千年来，士大夫往往癖购得汉以前一玉一鼎宝玩不释，而独于古文寥如也。吾不解此惑矣。世道交丧，惜夫。

一　古书不应加圈点，为采山探渊者，发其奇为赏识焉。此中理词俱妙用〇，意字瑰奇用〥，条畅隽爽用、，所谓玄之又玄，非此外都不精也。然文有义有词，又有体有章有法有格，古文都与后人不同，如形家相地，隐隐真龙，细寻结作此，非偏解之所可用，亦非标评所能尽者。季子鲁乐师旷南风知音自得之。

一　著书之旨，显晦不同，读者所入浅深随异。権经三，阅义，亦屡更，犹有昧于前而得通于今者，漏于初而宜增于后者。乃刻成之后，无容窜入，稍有条列，重标于上，别名曰补，庶完一得之虑，或当百世之解。

其次为《管子凡例》，即赵用贤本《管子》之凡例；其次为《管子文评》，即赵用贤本《管子》之文评；其次为《管子目录》；其次为《管子》篇文。

朱长春《管子榷》共二十四卷，篇目与赵用贤本《管子》同。《四库全书总目》评曰："是书即赵用贤本而增释之，故凡例文评俱仍其旧，惟每篇各加叙释。在篇首者曰'评'，多论作文之法。在篇中者曰'通'，则随文训解其义。在篇末者曰'演'，乃统论一篇大旨。皆出长春一手。创立异名，无所阐发。"则《管子榷》主要是以赵本为底本，在此基础之上朱长春作"评""通""演"。万历四十年张维枢刻本《管子榷》在刊印过程中有其自身的特点，主要是用字的习惯与赵用贤本不同，刊印过程虽然有修订，但是与明刻赵本相较，讹误为多，则张本的主要价值在于对《管子》原文之义的阐发，至于版刻内容，还是具有比较多的讹误。

第五节　凌汝亨本《管子》

凌汝亨本《管子》刊刻于万历四十八年(1620)，无注。

首万历壬午年间赵用贤所撰的《管子书序》；次为刘向《管子书录》；次《凡例》，主要说赵用贤"沉酣是集，创为考订，世宙间始识仲父一书真面孔矣"，而刊印者"复加参校"，并稍作删削。因为赵本有挂漏处，朱长春《管子榷》"可谓玄风大畅，非直为夷吾之忠臣，且堪为定宇之益友矣"，"余取什之七八焉"。并说张榜之作"若排砂拣金，处处见宝"，因此录赵用贤、朱长春、张榜等评注于眉端或篇后，行间亦偶注文法，密加圈点，“圈点词理俱胜用○，意字瑰奇用△，条畅隽爽用、”，评注圈点均以朱色套印。第四部分为《管子目录》，二十四卷，与传世本相同。不同的是凌本《管子》目录下有小标题，双行小字，这些篇目有：《牧民》第一，下列“国颂、四维、四顺、士经、六亲五法”；《立政》第四，下列“三本、四固、五事、首宪、首事、省官、服制、九败、七观”；《乘马》第五，下列“立国、大数、阴阳、爵位、务市事、士农、工商、圣人、失时、地理（今按：浙刻本作‘里’）”；《七法》第六，下列“七法、四伤百匿、为兵之数、还陈”；《幼官图》第九，下列“中方本图、中方副图、东方本图、东方副图、南方本图、南方副图、西方本图、西方副图、北方本图、北方副图”，与浙刻本顺序不同；《九守》第五十五，下列“主位、主明、主听、主赏、主问、主因、主则、主参、督名”；《轻重丁》第八十三，下列“璧谋、菁茅谋”。这些列有小标题的篇目，在浙刻本《管子》篇内，一般列有小标题，但是在总目中不列，这是《管子榷》本在形式上与浙刻本不同的地方之一。

民国二十六年（1937）宋哲元据凌本原刻影印一千部；浙江人民出版社1987 年 3 月又据宋哲元影印本影印，为朱墨两色，眉批及篇末评语依原本朱色套印。凌本在刊刻形式上与浙本、刘本、四子本、赵本不同，篇内段名标于每段的开头，篇内无注，文字用字与赵本比较接近。我们从凌本的文字应用上可以看出凌本是从赵本而来。凌本在内容上比较完备，这是赵用贤本之后版刻的共同特征。可以这样说，在赵本之前的浙本、刘本是草创阶段，赵本是一个里程碑式的标志，此后的版本只是对《管子》细枝末节的修订而已。

第五章　清代《管子》版本

清代《管子》,我们主要考察文渊阁《四库全书》抄明刻刘绩《管子补注》本、文渊阁《四库全书》抄明刻赵用贤本、光绪二年浙江书局据明刻赵用贤本翻刻本、光绪初年浙江书局辑刊的《二十二子》本《管子》及光绪五年影印宋本《管子》。

第一节　文渊阁《四库全书》本《管子补注》

《四库全书总目》经过多次修订,于乾隆四十六年完成。题永瑢撰,总其成者纪昀。《四库全书总目》在子部法家类著录赵用贤《管子》、刘绩《管子补注》提要。

刘绩《管子补注》在《四库全书》中属于子部法家类。

《四库全书总目》在法家类有《小序》,对法家源流特征进行评价:

> 刑名之学,起于周季,其术为圣世所不取。然流览遗篇,兼资法戒,观于管仲诸家,可以知近功小利之隘。观于商鞅、韩非诸家,可以知刻薄寡恩之非。鉴彼前车,即所以克端治本,曾巩所谓不灭其籍乃善于放绝者欤。至于凝嵘所编(和凝、和嵘父子相继撰《疑狱集》)阐明疑狱,桂吴所录(桂万荣、吴讷相续撰《棠阴比事》)矜慎祥刑,并义取持平,道资弼教,虽类从而录,均隶法家,然立议不同,用心各异,于虞廷钦恤,亦属有裨,是以仍准旧史,录此一家焉。

《四库全书总目》刘绩本《管子补注》所用底本为编修励守谦家藏本。

《总目》对刘绩本作提要，内容如下：

> 《管子补注》二十四卷
>
> 明刘绩撰。绩有《三礼图》，已著录。管子旧注颇为疏略，故宋张嵲跋其后曰："《管子》书多古字，如'专'作'抟'，'忒'作'貣'，'宥'作'侑'，'况'作'兄'，'释'作'泽'，此类甚众。《大匡》载召忽语曰：'虽得天下，吾不生也，兄与我齐国之政也。'注乃谓召忽呼管仲为兄。曰'泽命不渝'，注乃以为恩泽之命，不可遍举。"黄震《日抄》亦曰："《管子》注释最多抵牾，《四伤》之篇，误名《百匿》，而以《四伤》名《七法》之篇。《幼官》篇首章云：'若因夜虚守静，人物则皇。其后方之图，本可覆也。'乃衍'人物'二字，不知参对以夜虚为句，守静人物自为句，乃以人物则皇为句，而曲为之说曰：'听候人物也。'《幼官》五图以'形生理'为句，而中央之注，独以'形生'属上文。《明法》篇以'比周以相匿'为句，而下又云'忘生死交，其后方之《明法解》可覆也'，乃以'相为匿是'为句，而曲为之说曰：'匿公是而不行也。'《五法》之章曰：'天下不患无财，患无人以分之。'分如分地之利之分，乃释云'可以分与财者，贤人也'。《立政》之章曰'道涂无行禽'，指人言之，谓其为能行之禽耳，乃释云'无禽兽之行'。《版法》篇云'悦在施爱有众在废私'，今因阙文，而云'悦在施有众在废私'，不成文矣。"云云。其抉摘皆中理。绩本之以作是注，故于旧解颇有匡正，皆附于原注之后，以"绩按"别之。虽其循文诠解，于训诂亦罕所考订，而推求意义，务求明惬，较原注所得，则已多矣。案：明有两刘绩，一为山阴人，字孟熙，《千顷堂书目》载此书于绩名下，注江夏人，则为字用熙者无疑。坊刻或题曰宋刘绩，误也。

四库馆臣缮写《四库全书》各本时，对底本加以修订，许多四库本较底本为优，已经为研究所证实。如《〈四库全书〉本〈明史〉发覆》一文，全面对比四库本《明史》和通行本，证明四库本文字上有润色，内容有补充，更为完备①；

① 乔治忠等：《〈四库全书〉本〈明史〉发覆》，《清史研究》1999年第4期，第67～73页。

《四库底本新发现》的作者，目验各种四库底本，证明《四库全书》在抄写前审核工作极为细致[1]；《国家图书馆所藏〈四库全书总目〉稿本述略》证明，四库馆臣修订底本时做了“累累批改”[2]。《四库全书》补充各本资料，其文献和史料价值得到重视，相关论著还有很多。[3] 因为四库馆臣校勘古籍与通常的校勘学家在指导思想与方法上有很大不同。一般的校勘学家多选定一个底本（往往是宋本或较早的本子），校各本异同，这很大程度上是为了恢复底本的原貌。若不能恢复底本的原貌，则仅罗列各本异同，所下断语坚持有版本根据，并辅以大量的证据。校勘学家校定的古籍固然精良，但阅读起来往往有很大的障碍。四库馆臣校书则与之相反，若有版本依据，自然会精心采择。若无版本依据，往往会用本校、他校和理校的方法，扫除阅读的障碍。[4] 笔者做《管子》版本研究时，将文渊阁《四库全书》本《管子补注》和底本做了比对，发现四库本补充了内容，校订了文字，版本亦较底本为优，使四库本《管子补注》成为比较完备的本子。[5]

《四库全书》本《管子补注》，以编修励守谦家藏本为底本，《四库采进书目》曰：“《管子》，二十四卷，管仲著，六本。”郭沫若《管子集校》云，明刻刘绩《管子补注》尚有一明抄本，藏于国家图书馆，盖出于刘绩《管子补注》刻本，对“原刻错误处时有改正”[6]，但不是四库本《管子补注》的底本。根据《钦定四库全书考证》卷四十九，《四库全书》中《管子补注》所据底本为刊本，这符

---

① 李晓明：《四库底本新发现》，《文献》2006 年第 3 期，第 145 ~ 150 页。

② 王菡：《国家图书馆所藏〈四库全书总目〉稿本述略》，《文学遗产》2006 年第 2 期，第 121 ~ 128 页。

③ 相关文章可参看尤李《试析〈四库全书〉对〈契丹国志〉的改编》，《中华文化论坛》2005 年第 1 期。孙麒《文渊阁〈四库全书〉本〈艺文类聚〉初探》，《四川师范大学学报（社会科学版）》2005 年第 2 期。

④ 如《十三经》中贾公彦的《仪礼注疏》由于传习的人很少，流传下来的本子错误比比皆是，不能卒读。阮元校勘《仪礼注疏》以单疏本为据，罗列各本异同，不能通读之处仍旧，甚至有明显的错误，由于没有版本依据也不改动，洋洋数万言的《校勘记》无助于阅读。四库馆臣却精心推阐，处理了大量疑难问题，所收《仪礼注疏》较之阮刻本阅读起来要顺畅得多。

⑤ 本文采用的《四库全书》本，以台湾商务印书馆影印文渊阁《四库全书》之《管子补注》本为准，以下简称为“四库本《管子补注》”。

⑥ 郭沫若：《管子集校》（一），《郭沫若全集》历史编第五卷，人民出版社 1984 年版，第 20 页。

合《四库全书》在选用底本时多用刊本的原则。以陆贻典校本为底本(国家图书馆善本书藏书号896),与文渊阁四库本《管子补注》做比较,可以发现四库馆臣在缮录之前,进行了大规模的修订。他们将明刻刘绩《管子补注》与朱长春《管子榷》全文进行比对,考察两本之优劣,择朱本正确者,缮录于四库本《管子补注》中,朱本刊印本中的讹误,四库本《管子补注》没有采用。四库馆臣还参考了《国语》和《左传》,作为校对《管子补注》的参考。四库本补充底本诸多文字,修订错讹之用字,内容较底本完备,成为《管子补注》系统中最好的版本。至于《钦定四库全书考证》所载修订之内容,只是其中的一部分,其价值就现在看来,主要是为我们解读四库馆臣考订《管子补注》的方法和思路提供了线索。

从四库本《管子补注》中,可以得到这样的启示:

其一,四库馆臣将所采《管子》版本,取其最早或最有代表性者,抄入《四库全书》之中,余者或收入《四库存目》中,或者不录。《四库采进书目》中《管子》,以《管子补注》为最早,根据傅增湘考订,当是明“弘治”刊本。此本在赵用贤本之前,版本中有许多文字可以订补赵本的不足,有多条注解为赵本所无,可以帮助理解《管子》原文。《四库全书总目》云:“虽其循文诠解,于训诂亦罕所考订,而推求意义,务求明惬,较原注所得,则已多矣。”朱长春《管子榷》本主要出自明刻赵用贤本,虽然稍有修订,但是不及刘绩本和赵本价值大,所以仅收入《四库存目》中。

其二,四库馆臣对于缮录的《四库全书》底本进行了认真校改,使四库本《管子补注》成为一个比较完备的本子。明刻刘绩《管子补注》文字上有其优长,但此本脱漏内容较多,文字上的讹误亦复不少。四库本增补刘绩本之脱文,删减衍文,文字不同者,如刘绩本为是,则不改,取朱长春本之长,补刘绩本之不足,并参之以《国语》《左传》诸书,既保存底本之特长,又补充底本之不足,可以与明刻赵用贤本并行矣。

其三,证明了四库馆臣的学术实力。四库馆臣多为一时之硕儒,众多学者合集体之智慧,修订四库全书,其优势为一般学者所难以达到。四库馆臣在缮录《管子补注》的时候,没有见到宋本,但是,校勘、修订之后的文字多与南宋浙本合,证明了四库馆臣的学术功底,亦证明他们在编纂、校对和誊录

《管子补注》时，是认真仔细的。[①]

第二节　文渊阁《四库全书》赵用贤本《管子》

文渊阁《四库全书》赵用贤本《管子》，所用底本是大理寺卿陆锡熊家藏本。四库馆臣撰写的《四库全书总目》中，该本《管子》提要如下：

《管子》二十四卷

旧本题管仲撰，刘恕《通鉴外纪》引《傅子》曰："管仲之书，过半便是后之好事者所加，乃说管仲死后事，《轻重》篇尤复鄙俗。"叶适《水心集》亦曰："《管子》非一人之笔，亦非一时之书，以其言毛嫱、西施、吴王好剑推之，当是春秋末年。"今考其文，大抵后人附会多于仲之本书，其他姑无论，即仲卒于桓公之前，而篇中处处称桓公，其不出仲手，已无疑义矣。书中称"经言"者九篇，称"外言"者八篇，称"内言"者九篇，称"短语"者十九篇，称"区言"者五篇，称"杂篇"者十一篇，称"管子解"者五篇，称"管子轻重"者十九篇。意其中孰为手撰，孰为记其绪言如语录之类，孰为述其逸事如家传之类，孰为推其义旨如笺疏之类，当时必有分别，观其五篇明题"管子解"者，可以类推。必由后人混而一之，致滋疑窦耳。晁公武《读书志》曰："刘向所校本八十六篇，今亡十篇。考李善注陆机《猛虎行》曰：'江邃《文释》引《管子》云，夫士怀耿介之心，不荫恶木之枝；恶木尚能耻之，况与恶人同处。'今检《管子》近亡数篇，恐是亡篇之内，而邃见之。"则唐初已非完本矣。明梅士享所刊，又复颠倒其篇次，如以《牧民解》附《牧民》篇下，《形势解》附《形势》篇下之类，不一而足，弥为窜乱失真。此本为万历壬午赵用贤所刊，称由宋本翻雕。前有绍兴己未张嵲后跋云舛脱甚众，颇为是正。用贤序又云"正其脱误者逾三万言"，则屡经点窜，已非刘向所校之旧，然终愈于他氏所妄更者，在近代犹善本也。旧有房元龄注，晁公武以为尹知章所托。然考

① 郭丽：《文渊阁〈四库全书〉本〈管子补注〉考略》，《历史档案》2009 年第 3 期，第 128～131 页。

《唐书·艺文志》,元龄注《管子》不著录,而所载有尹知章注《管子》三十卷,则知章本未托名,殆后人以知章人微,元龄名重,改题之以炫俗耳。案《旧唐书》:"知章绛州翼城人,神龙初官太常博士,睿宗即位,拜礼部员外郎,转国子博士。有《孝经注》《老子注》。"今并不传。惟此注藉元龄之名以存,其文浅陋,颇不足采。然蔡绦《铁围山丛谈》载苏轼、苏辙同入省试,有一题,轼不得其出处,辙以笔一卓而以口吹之,轼因悟出《管子注》,则宋时亦采以命题试士矣。且古来无他注本,明刘绩所补注亦仅小有纠正,未足相代,故仍旧本录之焉。

文渊阁《四库全书》本《管子》,徐志晋详校,仓圣脉编修,杨懋珩等总校,李棨等校对,郭洽怡等誊录,严格避"玄""弦""弘"字,是避清圣祖康熙和高宗乾隆讳。

文渊阁《四库全书》缮录明刻赵用贤本《管子》,以明刻赵本为底本,又有校改。四库本《管子》严格避清讳。在文字上,四库本订正了赵用贤本原有的讹误,证明四库馆臣对原文进行了校改。四库本在缮录时候也产生新的讹误,主要是形近而讹,声同而讹。四库本《管子》的最大讹误是在《形势解》中将两段文字抄写成一段,抄手虽然有所发现,但是并不加以修正,而是另起一行,重新抄写,这证明《四库全书》在誊录和校对过程中有所疏漏。此外,四库馆臣还有以史书为依据修改《管子》的倾向,这是我们需要注意的。①

第三节 清刻赵用贤本《管子》

清刻赵用贤本《管子》系光绪二年浙江书局据明刻赵本翻刻。首为赵用贤撰写的《管子书序》,次刘向《管子书录》,次《管子凡例》,次《管子目录》,次《管子》正文,卷后为《管子》文评。正文的形式,以《管子》第一卷为例:首为"管子卷第一",下题"明吴郡赵氏本",次题"唐司空房玄龄注",次为本卷

① 郭丽:《文渊阁〈四库全书〉赵用贤本〈管子〉考略》,《图书馆学刊》2008 年第 2 期,第 125～127 页。

篇题:“《牧民》第一,《形势》第二,《权修》第三,《立政》第四,《乘马》第五”,次为《牧民》篇正文。经过比勘,我们发现两本有相当大的一致性,但清刻本在翻刻之时又与明刻本有差别。主要是两个方面的不同:其一为字形不同,字义相同;其二是用字有不同。

清刻本在翻刻过程中,显然是根据善本和其他乾嘉学者对《管子》的研究成果而做了修订。清刻赵本订正明刻本讹误多处,但亦有清刻赵本因为刻印的疏漏或因为对原文的理解不同而致讹者,这样的讹误有多条。经过比勘两本可以发现,清刻赵用贤本在明刻本的基础之上有所修订,但修订之处并非很多。此书流传较明刻本为广。

第四节 《二十二子》本《管子》

《二十二子》本在清光绪初年由浙江书局辑刊,后上海古籍出版社据《二十二子》初印本影印出版。所收书目有:《老子》《庄子》《管子》《列子》《墨子》《荀子》《尸子》《孙子》《孔子集语》《晏子春秋》《吕氏春秋》《贾谊新书》《春秋繁露》《扬子法言》《文子缵义》《黄帝内经》《竹书纪年统笺》《商君书》《韩非子》《淮南子》《文中子中说》《山海经》。《二十二子》本注重吸收历代学者,尤其是清代诸家整理和研究诸子书的成果,汇编历代刊本中较有代表性的精校、精注本,在这一时期所出版的诸子书汇刻本中,堪称上乘之作。

《二十二子》本《管子》系根据赵用贤《管韩合刻》本翻刻,校对精审。首列赵用贤万历壬午序言,即《管子书序》;次刘向《管子书录》;次《管子凡例》;次《管子文评》,收录历代学者对管子的评价之语;第五部分为《管子目录》,亦为二十四卷。每卷有本卷的版本、著者、篇名,如《管子》卷第一:“明吴郡赵氏本,唐司空房玄龄注,《牧民》第一、《形势》第二、《权修》第三、《立政》第四、《乘马》第五”,下为正文,每卷最后列有总校和分校者。总校者黄以周,分校者共有六人,他们是许诵禾、吴承志、沈琮宝、冯一梅、孙瑛、陈钴。刻印精审,校对仔细,是历代《管子》各种刻本中比较好的版本。

清末浙江书局汇刻《二十二子》本《管子》,在刊刻用字上有其自身的特点,避讳“丘”字和“宁”字。《二十二子》本系据明刻赵用贤本翻刻,校改赵本的一些用字,有的是《二十二子》本所独有的,与浙刻本和赵用贤本都不同,但是音义相同。《二十二子》本校订后又有新的讹误产生,这样的讹误有2条,以赵用贤本为是。经过归纳,我们发现《二十二子》本改正旧本讹误的数量较多,说明《二十二子》本校对精审,是可以采用的一个版本。

《管子》一书,在刻版产生之后,经过整合,形成今本。赵用贤本后的本子,形式上没有很大的变化,只是细枝末节的修订而已。

第五节　光绪五年影刊《宋本管子》

影印者张瑛。此本即影印南宋浙江刻本(又称为杨忱本)《管子》。篇内在文字右侧作句读。

本书首为杨忱《管子序》,其次为《管子目录》,其次为刘向《管子书录》,其次为《管子》正文,其次为张嵲《读〈管子〉》,其次为《瞿氏书目》,其次为黄丕烈、戴望的题跋。

杨忱《管子序》、《管子目录》、刘向《管子书录》、《管子》正文、张嵲《读〈管子〉》内容与南宋浙江刻本略同。所不同者,是在影印的时候,文字避清讳,如房玄龄之"玄"字,阙末笔。

在张嵲《读〈管子〉》之后,刊印了《瞿氏书目》,此为宋本所无。张瑛影印南宋浙江刻本《管子》时,此本《管子》藏于瞿氏铁琴铜剑楼。《瞿氏书目》主要内容如下:

> 此书首列《管子序》,杨忱撰。接总目录,又刘向《进书序》,连接《管子》卷第一,题唐司空房玄龄注,又列卷一之目,后接本文。以后每卷同。卷末后有张嵲巨山《读〈管子〉》,不详岁月。文中有"绍兴己未从人借得,改正讹谬,钞藏于家"云云。杨《序》作于大宋甲申九月。按:己未为绍兴九年,甲申为隆兴二年,孝宗初立时也。大约刻即在其时。每半叶十二行,行廿四字。宋讳"敬""竟""镜""殷""匡""贞"字有阙笔。明万历间,赵文毅刻本即从此出。校雠亦慎,然尚有讹字,亦有臆为校正而实讹者。今除宋本本讹、赵本校正不讹外,举其异于赵本而可

订正者,如卷一《形势》第二“虎豹托幽,而威可载也”,“托”不作“得”;“譕臣者可与远举”,“与”不作“以”;“邪气袭内”,“袭”不作“入”;“道往者,其人莫往,道来者,其人莫来”,上不作“莫来”,下不作“莫往”(于廷宋氏曰“道往者,其人莫往”,言人与道俱化而不见其往也;“道来者,其人莫来”,亦与道化而不见来也。故注云:“均彼我忘是非,而无往来之体。”刘绩据《形势解》改作“道往莫来,道来莫往”,彼系讹字)……《幼官图》第九小注次序作“西方本图、西方副图、南方本图、中方本图、北方本图、南方副图、中方副图、北方副图、东方本图、东方副图”,以下本文悉依之(刘绩本与宋本同。赵本依上文改易其旧)。其“中方本图”,文中“庶人之守也”,下无“动而无不从,静而无不同”十字。卷四《宙合》第十一“民之兴善也如化”,不作“如此”(王曰:作“化”是。《吕氏春秋》曰:“兵不接刃,而民服若化。”),“爵尊即肃”不作“则”(松崖惠氏曰“即”“则”,古同字)……《轻重戊》第八十四“以其不捎也”,“捎”不作“埍”(王曰:“捎”当为“俏”,“俏”与“肖”同);“子为我至生鹿二十”,“至”不作“致”(案:“至”“致”古字通);“公曰今齐载金钱而往”,“曰今”不作“因令”(王曰:“公因”当为“公”。其上文曰:“君其铸庄山之金以为币”,下文曰“公其令人贵买衡山之械器而卖之”,皆其证)。案:王氏、孙氏、洪氏、宋氏所云宋本,皆影抄绍兴壬申瞿源蔡潜道刻本,影抄亦有讹舛,与是本间有不合处。故所举与《读书杂识》《管子义证》《管子识误》三书亦不尽同。冀附诸家所记后,以供好古者参证之助云。

《瞿氏书目》之下,影印黄丕烈手写于南宋浙江刻本《管子》上的文字,内容如下:

管子世鲜宋本,往时曾见陆敕先校宋本在小读书堆。后于任蒋桥顾氏借得小字宋本,其卷一后有长方印记,其文云“瞿源蔡潜道宅墨宝堂新雕印”。验其款式,当在南宋末年。中缺十三至十九卷,即其存者,取与陆校本对,亦多不同。盖非最善之本也。甲子岁,余友陶蕴辉鬻书于都门,得大宋甲申秋杨忱序本,板宽而行密,亦小字者。因以寄余,索值甚昂，余亦重其代购之意，如数许之，遂得有其全本。案大宋甲申，不言何朝。核其板刻，当在南宋初，以卷末附张巨山《读〈管子〉》一篇也。内有钞补并伪刻之叶，在第六卷中，遍访诸藏书家，无可借钞。时钱塘友人谓余曰："嘉兴某家有影宋钞本，与此正同。"余闻之欣然，久而无以应我之求。适陶君往嘉兴，于小肆中获其半，检所缺叶，一一完好，字迹与刻本纤毫不爽，方信影钞者即从余所得本出，而下半部偶失之耳。命工用宋纸从影钞本重摹，辍钞补伪刻之叶而重装之。《管子》至今日，宋刻始完好无阙，岂非快事。取对顾氏小字本，高出一筹，当是敕先所据以校刘绩本者也。后钱塘友人来询之，知嘉兴所见者即此钞本，其不肯明言在书肆者，恐余捷足先得。孰知已有代购之人为之始之终之，俾作两美之合哉！嘉庆丙寅立冬后一日，士礼居重装并记。荛翁黄丕烈

黄丕烈题跋之后，是戴望的题跋：

戊辰正月，从瞿氏假得此本，与海宁唐端甫、常孰张纯卿同校一过于赵刻本之上，并记此。戴望志于冶城山书局

光绪五年张瑛影印宋本《管子》非常具有价值。因为宋本《管子》当时藏于瞿氏铁琴铜剑楼，一般读者难以见到。张瑛影印宋本《管子》除了避清讳，基本保存了宋本的原貌。又将瞿氏写的《管子书目》刊印其中，可使读者通过瞿氏的提要了解南宋浙江刻本《管子》与南宋瞿源蔡潜道宅本《管子》的不同及学者研究《管子》的概况。最后影印黄丕烈、戴望的跋文。黄丕烈的跋文，说明在瞿氏收藏宋本《管子》之前，此本曾经黄丕烈收藏，黄丕烈曾抄补宋本《管子》。通过戴望跋文可知，戴氏作《管子校正》的时候，曾以宋本校勘赵用贤本《管子》。

关于此影印本的背景情况，笔者阅读《铁琴铜剑楼研究文献集》时，发现此影刊本乃张瑛在光绪年间影钞铁琴铜剑楼宋本《管子》，属抱芳阁书坊覆刻。张瑛，清江苏常熟东唐人，曾刻印《管子》24 卷。瞿氏是张瑛的外祖父家，《恬裕斋续藏书记》云："瞿氏，瑛母家。外叔祖荫棠公性好书，积十万余

卷，绘检书图以见志。舅氏子雍公，搜奇罗佚，不懈益勤，邑先辈琴六黄先生为作《恬裕斋藏书记》。今中表兄弟敬之、性之，克承先志，广购宋元善椠。"[1]张瑛借瞿家杨忱本覆刻，条件自然便利。

① 仲伟行、吴雍安、曾康编著：《铁琴铜剑楼研究文献集》，上海古籍出版社 1997 年版，第 61 页。

第六章　民国《管子》版本

民国年间《管子》刊印的版本，我们主要选取十种进行研究。这一时期，《管子》版本既有全本，也有节选本。随着20世纪的来临，石印、铅印等新印刷技术亦应用于《管子》版本刊印中。

第一节　黄巩《管子编注》

黄巩，字子固，善化人。黄巩《管子编注》，宏文图书社民国三年（1914）印行，书中缝印有“存几堂”三个字。

此本首为《发明》，次为《总目》，次为《管子编注》正文，最后为《后叙》。

《发明》的主要内容如下：

管子者，齐相而功定春秋列国三百余年世局者也。孔子曰：“如其仁！如其仁！”“一匡天下，民到于今受其赐。”孔子不轻与诸弟子、当世贤士大夫以仁，而称许管仲如此，则知成仁之功，在乎安民。安民之功，在乎能定世局。草昧榛狉之乱，羲昊出而开天明道，以定皇者之世局。黎苗昏垫之乱，轩岐尧禹出而成天平地，以定帝者之世局。淫酗凶残之乱，汤武伊周出而除暴胜残，以定王者之世局。兼并吞食之乱，桓公管仲出而盟会尊攘，以定伯者之世局。秦汉而还，商吕萧曹，制民以名法，皇帝三王之泽斩于后世，春秋列国棋分。管仲创为纠合之局，承以晋宋秦楚，周德衰而道不坠。延至六王去籍，强秦变法，天下始骚然大乱。然而齐威朝周，诸侯慕义，则尊攘遗烈，犹在人心也。观数百年定于伯局，然后知功承皇帝王之终，道不悖于皇帝王之用也。汉除秦乱，除苛法,未除乱法。汉不过乱久而兵暂熄耳,天下未尝平也。继汉二千年来,皆承秦法也,识者谓三代后无治世,其不然乎。世之治乱,不系乎兵之熄不熄,而系乎民之得所不得所。黄虞三代之隆,未尝无兵也。有暴其民者,则王者诛之。是以民无水火。书曰:一夫不获,则曰时予之辜。今试问后之王者,有计及于不获之一夫者乎?书曰:如保赤子。孟子曰:保民而王。是知民之建君,所以保之,非以制之。易革之交,君非独夫,代其君者非救民,则虽一统与偏安,崛起与僭篡,皆窃夺之局耳。霸之不成,恶乎王?乃后儒鄙霸业,而争后王正僭之统。盍试请读《牧民》《立政》之篇。

古今元会大运,步以岁差躔度,共得二万七千岁,并置闰计,将三万年。庄子三万岁一成纯,与七(俗作八)千岁为春,七千岁为秋之说,概举其全数而言,分十二纪,纪各二千二百岁。庄子五百岁为春,五百岁为秋之说,举其分纪而言。以汉初中星,今日中星,考之《尧典》中星可见。特日至为夏至耳。中国日出寅,故文明之运,启自寅纪,为天皇世局。三皇各一纪,五帝一纪,三王一纪,汉至今一纪,皆限于日至日缠,可以坐致。自开天至今,实万有三千余岁,每值一纪之终,世局当大更变。后之世局,将异于今,亦犹汉至今之异于三王,三王之异于五帝也。三皇之治,若存若亡,孔子删书断自唐虞,纪其可知者也。三代之治,自经籍灰劫而后,诗书所载,亦不能详,则欲考先王之经画,必自《管子》之《乘马》始。

王迹熄于东迁。国异政,家殊俗,学者不由于庠序,各守一家之言,于是九流分派,道术遂为天下裂。惟《管子》之学,本末一贯,经言治正,外言治变,内言立体,枢言达用。四部之义不明,则全体之学晦,故编注首明斯义。

吕尚以阴符启齐,管子实私淑其秘,故言富则侈于山海,言兵则详于机数,而《形势》《霸言》《势》《正》诸篇,尤有英雄总览古今默观得失之据。唯其深于道德之义,不流于纵横家数。

百氏师传相尚,其徒既多润益,及河间好古,伪书丛出,传纬骈枝,兹于记述杂编,唯取其义与本书发明,事可备春秋左国考核者,以征文献，至如义无所属，语近无稽，则概不取。唯轻重九府，先儒讥其鄙俚，而实纪治齐之机要。为三代六府三事九功留遗。虽时设权宜，要于民生国计之变，曲以尽乎先王之道，故不惜致详，使今日变法君子，知所取法，则变法而不失法者夫。

《汉志》列《管子》于道家者流，而以《内业》分列儒家，《弟子职》列孝经家，已将其书数歧。据旧说旧书凡三百八十九篇，刘氏向除其重复，校为八十六篇。至唐房元龄更亡其十。今校本书三十二篇，而《王言》在《霸言》义中。《修身》即《九守》篇文。似管氏全书，并未尝亡失。其三百八十九篇云者，盖凡其节目概为分晰。如《牧民》之题“国颂”“四维”“四顺”“十一经”“六亲五法”，《立政》之题“三本”“四固”“五事”“首宪”“首事”“省官”“服制”“九败七观”。其八十六篇云者，则后儒之更相为合，而合之仍有未尽者，如《兵法》之脱为四，《乘马》义之脱为三，是也。至如章节脱错，文字舛讹，古籍竹简，传沿断绝，五经且然，而况诸子。今于确系脱误，因文校义，期不失旧。

《管子》之书，为第一救时急务，其富国强兵之计，半为今日列雄窃用。其富国强兵悉本均和，则先王正德利用厚生之遗，为今日列雄所未及，故能取法管子，中国未有不为政于天下者也。四部六卷，先考汉晋唐分合本之原，次究宋元明讥评家之义。又信古深思，参稽古今律度衡量同异之制，籀篆章隶承变形似之文。上稽周治，下证物宜，庶几吻合。倘荷鉴裁，是所深企。

《管子编注》总目分为六卷，内容如下：

卷一　经言
卷二　外言
卷三　内言
卷四　枢言
　　　以上本书
卷五　短语杂篇

卷六　轻重九府

　　以上记述

参校友人：

益阳　省庐　萧大猷

宁乡　子璘　黄培英

湘潭　笏珊　胡麟征

同邑　耔舆　黄昌年

同宗　子云　黄皖

《管子编注》正文有四十九篇：

卷一为“经言”部分，共八篇：《牧民》第一、《形势》第二、《权修》第三、《立政》第四、《乘马》第五、《七法》第六、《版法》第七、《经言》第八。

卷二为“外言”部分，共八篇：《五辅》第一、《八观》第二附《问》《入国》、《禁藏》第三（原注：误编杂篇）、《法禁》第四、《重令》第五、《法法》第六、《兵法》第七附《地图》《参患》《制分》《谋功》、《霸言》第八（原注：此总叙，误编内言）。

卷三为“内言”部分，共八篇：《弟子职》第一、《修身》第二、《心术》第三、《白心》第四、《四时》第五、《五行》第六、《水地》第七、《内业》第八（原注：《弟子职》第一，弟子为入德之始，故为内言第一义）。

卷四为“枢言”部分，共八篇：《势》第一、《正》第二、《任法》第三、《明法》第四、《正世》第五、《治国》第六、《君臣》第七、《枢言》第八（原注：《势》第一。势者，天时人事之可因者也。因之故帝道无为矣）。

卷五为“短语杂篇”部分，共八篇：《大匡》第一、《中匡》第二、《小匡》第三、《戒》第四、《小称》第五、《四称》第六、《小问》第七、《度地》第八（原注：《大匡》第一。大匡者，社稷破，宗祀绝，大为匡复也）。

卷六为“轻重九府”部分，共九篇：《乘马》第一（原注：旧三篇）、《海王》第二、《国蓄》第三、《国轨》第四（原注：旧衍“山”字，下二篇同）、《权数》第五、《至数》第六、《国会》第七（原注：旧并于至数）、《大会》第八（原注：旧题地数）、《揆度》第九（原注：旧分二篇，次题国准）（原注：《乘马》第一。乘马数田赋之法,古以田赋出车马,旧分三篇,首为臣乘马,“臣”盖“问”之阙伪。蒙篇首《问乘马》文,末为《事语》,蒙事之至数,今校为一)。

《管子编注》的《后叙》内容如下:

叙曰:闵予不辰,生远大同。复后小康,庚子在疚。乾坤瞑眩,日月赘荒。于是种豆南山,无心治秽,筑场东郭,在幕聊巢。蒿蔚共禾黍为悲,芝薇与糧同歠,瓶罍耻罄,嫠经忧阒,悲歌燕赵,蹈海伤怀,徙倚江淮,击楫莫济,曾曾小子,集木履冰,饮杯怀泽,读书念先,爰有友人,来语孙管,噫吁戏!天丧文,地坠道,焚坑且兆矣。嚣嚣何为乎?然而距杨墨,辟管晏,权舆邹鲁,应桴闽洛,道学既分门户,形名益外中庸。经籍重以缺残,法政愈乘名实。经纶大宝,学在四夷,庶富薪传,流失异域,中原回溃,谁阶之厉。讵知六府孔修,古帝克勤小物。九歌维叙,时贤岂有近功。将执端以用中,奚陟遐而遗迩。此识大识小,圣人能自得师,而隘与不恭,君子不由其道。又况诸侯去籍,田筴独存乘马,策士乱古,闾政未改亲民。所虑器攲于满,道厉变本,晋文谲齐桓正,易世背驰,申韩刻,商吕残,莨粮为莠,甚至明法任法法。法援为变法之符,竟使《大匡》《中匡》《小匡》,莫解所匡之义。王霸分言,岂识时务,宪政谬立,职为乱阶,以若所为,训致其道,将使三常顿易,四极遹沈,有爱亲不如虎狼,而相食更甚于枭蟒者,此固道术为裂之祸,而抑学者择不精、语不详之过也。蒙不敏,商定三年,编成六卷,秩事物于本末始终,张四维以礼义廉耻,幸际天旋日转,正当尝胆卧薪,舍其旧而新是图。伐柯不远,得其人则政可举。执鞭亦为不辞知罪之所归。用备春秋文献,但使壤流无弃,或益山海高深,敢端怀音溉釜之思。尚受九合一匡之赐。巩白。

黄巩《管子编注》共四十九篇。根据《发明》内容,可知黄巩编写此书的主要目的与时局有关,是救亡图存的需要。著者根据己意修改了《管子》篇目及次序。

第二节　五凤楼本《管子》

此本《管子》，唐房玄龄注，王儒舲点句，1915年五凤楼印行。此本据明吴郡赵氏本校印，为石印本。首为赵用贤撰写的《管子书序》，次为刘向《管子书录》，次为《管子凡例》，次为《管子文评》，次为《管子目录》，目录后刻有“右二十四卷，凡八十六篇(内十篇亡)，乙卯年石印虞山毕公天圈阅”，次为《管子》正文。以第一卷为例，首为“管子卷第一”，次行为“明吴郡赵氏本”，次行为“唐司空房玄龄注”，次行为本卷的篇目：“ 牧民第一 形势第二 权修第三 立政第四 乘马第五”，其下为第一篇篇名：“牧民第一(国颂 四维 四顺 士经 六亲五法)”，次行为“经言一”，表明本篇的归类。

此本据明刻赵用贤《管韩合刻》本《管子》石印。石印是清末民初一种新的刻印形式。根据毛春翔的解释，石印本是“采用石版印制的书本。其法先用药墨将原稿写在特制纸上，待微干覆于石面，用力压之，就会留下药墨的痕迹，此时揭去纸面，滚以油墨，文字画面即印在纸上”。①

此本以明刻赵用贤本《管子》石印，但文字形状与明刻赵用贤本有不同。文句用圈点进行句读。此本与后来的扫叶山房石印本《管子》印刷风格接近，但是没有扫叶山房本《管子》印刷、文字形态精美。

第三节　百子全书本《管子》

民国八年(1919)，上海扫叶山房石印百子全书本《管子》。此本中间鱼尾内上有“百子全书”四字，下有“扫叶山房”四字，中间折叠，一面一半。

此书首为刘向《管子书序》；其次为《管子目录》，共二十四卷，八十六篇，最后一篇是《轻重庚》第八十六，在目录中，有些篇章有小目；其次为《管子》正文。在正文中，首列卷数、篇目，以《管子》第一卷为例，首为“管子卷第一”，行下为“牧民第一 经言一”。在“管子卷第一”下，并无卷一中《管

① 毛春翔：《古书版本常谈》，上海古籍出版社2003年版，第166页。

子》的其他篇目，与五凤楼本不同。

此本据明刻赵用贤《管韩合刻》本《管子》石印，然全书没有注释，篇内小标题顺序与赵用贤本不同。以《牧民》为例，“国颂，四维，四顺，士经，六亲五法”为段落标题。这些在赵用贤本中是在章节的末尾，百子全书本将其放在每章的开头。

此本虽然是无注本，但是出自赵用贤本。如《形势》篇“渊深而不涸则沈王极矣”①，“王”，赵用贤本作“玉”，百子全书本《管子》亦作“玉”。同篇“虎豹托幽而威可载也”，南宋浙江刻本、刘绩本、中都四子本、四库全书本《管子》均作“托”，唯有赵用贤本作“得”，而百子全书本亦作“得”。同篇“上无事则民自试”，南宋浙江刻本、赵用贤本均作“则”，刘绩本、四库全书刘绩本作“而”。百子全书本作“则”，与赵用贤本同。同篇“有无弃之言者必参于天地也”，刘绩本、四库全书刘绩本、中都四子本《管子》在“参”下有“之”，南宋浙江刻本、赵用贤本无“之”，百子全书本亦无“之”字。同篇“衣冠不正则宾者不肃”，“正”，刘绩本、四库全书刘绩本、中都四子本均作“整”，赵用贤本作“正”，同南宋浙江刻本，百子全书本同赵用贤本。同篇“万事之生也，异趣而同归，古今一也”，“生”，刘绩本、中都四子本作“任”，赵用贤本作“生”，百子全书本亦作“生”。

由上面的校勘可以看出，百子全书本与赵用贤本全同，而与南宋浙江刻本不同，亦与刘绩本、中都四子本不同。虽然百子全书本没有注释，但是正文几乎完全参照赵用贤本，并且刻印精审，与赵用贤本《管子》正文没有太大差异。

又，每卷开始没有本卷的篇目，直接篇名，如第一篇“牧民第一”。

此本《管子》是石印本，文字非常舒展漂亮。

第四节 四部备要本《管子》

四部备要本《管子》，中华书局 1936 年出版，中华书局 1989 年 3 月影印

① 例句用南宋浙江刻本。

此书。

陆费逵在《校印〈四部备要〉缘起》中说:“吾国学术,统于四部。然四库著录之书,浩如烟海;坊肆流传之籍,棼若乱丝。承学之士,别择维艰;善本价昂,购置匪易。本局同人有鉴于此,爰于前年择吾人应读之书,求通行善本,汇而集之,颜曰《四部备要》。提纲絜领,取便研求;廉价发行,以广传布。惟是普通铅字,既欠美观;照相影印,更难清晰。适杭州丁氏创制聚珍仿宋版,归诸本局,方形欧体,古雅动人,以之刊行古书,当可与宋椠元刊媲美。兹将第一集至第五集分年校刊,共计二千余册;经、史、子、集最要之书,大略备矣。张文襄尝言:读书不知要领,劳而无功;知某书宜读而不得善本,事倍功半。今有《四部备要》,庶几可免此大弊欤!”①说明校印《四部备要》的缘由,此丛刊是用聚珍仿宋版排印。

陆费逵在《〈四部备要〉改印洋装缘起》中说:“有清乾隆间搜罗典籍编辑《四库全书》,凡三千四百余种,七万七千余卷,因《全书》卷帙浩繁,阅览不便,乃于《全书》中撷其菁华,缮为《荟要》,阅七载而成书,凡四百七十三种,一万一千余卷。盖自有《四库全书荟要》,而《四库全书》可束之高阁矣。民国九年,敝局得杭县丁氏聚珍仿宋版。字体精美古雅,方体长体咸备,为印刷界辟一新纪元。乃仿《四库全书荟要》办法,而有《四部备要》之辑印。十四年来,成书三百五十一种,计一万一千余卷,分量与《荟要》略相等,所选之书亦三分之二相同。其不同者,则如日讲经书、清历朝圣训、谕旨、文集等书专备御用者摒而不采,采辑方针亦随时代而稍有不同。其乾嘉以来名著,如段氏之《说文》,孙氏之《周礼》,姚、王、曾之选古文,沈、姚、曾之选诗,以及近代名家姚恽、袁曾等专集,则为辑《荟要》时所无而极有用者;更有校勘精本如阮文达之《十三经》、平津馆之诸子等,则书虽同而校本不同,此皆远胜《荟要》之处。”②说明了此书的价值。

此本《管子》由上海中华书局据明吴郡赵氏本校刊,陆费逵总勘,高时

---

① 陆费逵著、文明国编:《二十世纪名人自述系列 陆费逵自述》,安徽文艺出版社 2013 年版,第 61 页。

② 陆费逵著、文明国编:《二十世纪名人自述系列 陆费逵自述》,安徽文艺出版社 2013 年版,第 71 ~ 72 页。

显、吴汝霖辑校，丁辅之监造。

四部备要本《管子》所用底本为赵用贤《管韩合刻》本《管子》，首为赵用贤《管子书序》，次为刘向《管子叙录》，次《管子凡例》，次《管子目录》，言“共二十四卷，凡八十六篇（内十篇亡）”，次为《管子》正文。

本书按照赵用贤本排印，有注，在句下加了“·”作为句读，刻印精审。

第五节　扫叶山房石印本《管子》

该本为1920年上海扫叶山房根据明刻赵用贤《管韩合刻》本《管子》石印。版权页题：“唐司空房元龄注《管子》，民国九年石印，总发行所：上海北市棋盘街扫叶山房。”

此书首为赵用贤撰《管子书序》，次为刘向《管子书录》，次为《管子凡例》，次为《管子文评》，次为《管子目录》，内容与赵用贤本《管子》同。

在《管子目录》下，是《管子》正文部分。分为二十四卷，内有十篇亡佚。按照篇章顺序，每卷首先表明本卷序号，分行标有“明吴郡赵氏本”，“唐司空房玄龄注”，次为本卷的篇次，次为正文。

以第一卷为例，首先标明“管子卷第一”，下标“明吴郡赵氏本”，“唐司空房玄龄注”，下为本卷篇次：“牧民第一 形势第二 权修第三 立政第四 乘马第五”，下为篇文“牧民第一”，下有小字注“国颂 四维 四顺 士经 六亲五法”，是为本篇章节之名称，下行印有“经言一”，说明本篇的分类属于《管子》之经言部分。

书的中缝印有“扫叶山房石印”。此书用赵用贤本石印，文字形状与明刻赵用贤本《管子》有不同。有句读。当是手写之后，石印而成。

第六节　支伟成《管子通释》

支伟成《管子通释》，民国十三年（1924）出版，上海泰东图书局发行。

此书分为上下两篇。上篇为《研究之部》，主要是管子研究介绍，下篇是《解释之部》，是《管子》的内容。

上篇《研究之部》,首先是《管子学说研究大纲》部分。本部分从“法理学”“政治哲学”“伦理学”“经济学”“心理学”“地质学”“军事学”方面进行研究。

其次为《管子之救时政策》部分。作者从“三民主义”“地方自治”“国际联盟”“振兴水利”“尊法重令破阀”方面进行论说。

其次为《管子略传》部分。作者说:“管子事迹,具见《左传》《国语》及《管子》书中《大匡》《霸形》诸篇,其行事次第可按而考,盖周庄王时人也。约在民国纪元前二千六百年,西历纪元前七百年左右。《史记·管晏列传》记《管子》之身世、学说,及为政大纲,言简而意赅;后之作者,无以加焉!摘录如次。”后摘录出自《史记·管晏列传》的内容。

其次为《管子之沿革》部分。作者说:“《管子》旧书,凡三百八十九篇,汉刘向校其重复,定为八十六篇。嗣是相传,纪于历代史籍,爰撷录之,以考其沿革。”著录《汉书·艺文志》、《隋书·经籍志》、《唐书·艺文志》、《宋史·艺文志》、郑樵《通志》、马端临《文献通考》记载的《管子》图书文献。

其次为《管子之考证略述》,主要内容是:

> 《管子》一书,刘歆《七略》、班固《汉书·艺文志》均倡言为管仲所作。后之学者,常举疑义,辨之甚众。伪作之处,诚不能免。兹折衷古今诸说,就其大端而略述之,聊资考证,至必欲指定某篇为真,某篇为伪,是在学者自得之焉。
>
> 管子政纪之纲,简明易行。《牧民》之篇,要言宏旨,历世无弊,洵得治国之道,当为管子之言。
>
> 《白心》《心术》等篇,未免影附道家。管子生于老子之前百余年,或未能阐言详尽,然道家远宗黄帝,管子学有本原,安知其神理所至,不与后之老子相协哉?
>
> 《大匡》《霸形》诸篇,决为后人所追叙,然其说似粉饰以夸功矣。
>
> 《海王》《山国》《国蓄》诸篇,琐屑而多术,盖为桑孔之徒,见《乘马》《轻重》诸篇之名存而言灭,因以附会成文也。
>
> 《侈靡》《宙合》等篇,皆刻斫隐语以为怪,管子责实之政,安有虚浮

之语？使果出于管子则亦谬为之以欺世，殆权术之施于文字间耳，非管子之情也。

《立政》篇、《法法》篇及《立政九败解》多排斥“寝兵”“兼爱”之说，是系反对墨子远在管子以后，疑为伪托。

《小称》篇记管仲将死之言，又记桓公之死，年代不符。又称毛嫱、西施，则距管子死后将一百七十年矣。

《形势解》言“五伯”，《七臣七主》篇言“吴王好剑，楚王好细腰”，亦均管子以后事，决为伪作。

《内业》篇似以后儒家之心理学，《弟子职》似曲礼，亦有可疑。

《法法》《明法》《禁藏》诸篇，所论之法治主义，发挥甚尽，非管子时代所能发生，或又以为法家者流启自管子，故能言之详备也。

以上诸端，大抵以学说思想之系统，及事实时代之先后，有不相符，遂有疑义也。至于文字文体，亦可作证。盖上古文体简奥，《管子》多长篇大论，且各篇之文体各不相同，可决其非一人之笔，一时之书焉。

其次为《参考书举要》，著者说：

古今评注《管子》者甚多，以房玄龄（或谓尹知章）、刘绩、朱大复、赵用贤、黄震最著且详。其关于训诂校勘者，则以下列诸家之书为佳：

《管子义证》清洪颐煊撰

《管子杂志》清王念孙撰

《管子校正》清戴望撰

《删定管子》清方苞撰

《管子札迻》清孙诒让撰

《管子平议》清俞樾撰

《管子余义》章太炎撰

《管子纂诂》，日本安井衡撰

下篇《解释之部》，收录《管子》二十四卷七十六篇。著者在现存的七十六篇中，对原文加标点，附注释。以卷一第一篇为例，标为“管子之研究卷一”，下为本卷第一篇，篇名序号“牧民第一”，下为章节小标题“国颂 四维 四顺 士经 六亲 五法”。《管子》正文句后，做出解释。有的是对一句话的解释，有的是对个别文字的解释。

支伟成（1899—1929），民国学者，江苏丹徒（今镇江市丹徒区）人。先后肄业于上海省立商业学校及大同大学，师从蒋维乔，获文学学士学位。清史馆协修。1925 年任江苏省立第一图书馆主任。1928—1929 年，受江苏省长兼督军韩国钧聘，主纂《吴王张士诚载记》，正编脱稿而卒。有《清代朴学大师列传》。①

支伟成的《墨子综释》于 1925 年在泰东书局出版，全书包括“研究之部”“解释之部”上、下两篇。其中，上篇的“墨书考证”“墨家论理学”以及下篇“经”“说”“取”之解释部分，颇多涉及逻辑理论与逻辑史的问题。支伟成的《楚辞之研究》有 1923 年泰东书局本。全书分为上下两篇，上篇为“研究之部”，下篇为“解释之部”，加标点，附注释，作品包括屈原赋二十五篇。

支伟成的《墨子综释》《楚辞之研究》的研究方式、典籍结构与《管子通释》接近，可进行对比研究。

第七节　陈和祥《管子读本》

陈和祥著《管子读本》由上海世界书局民国十五年（1926）三月出版，封面印有“教科自修适用”六字。此书属于《十子全书》本，有标点、评注。

十子全书包括：

《孔子家语读本》一册

《老子读本》一册

《列子读本》一册

《庄子读本》一册

《管子读本》一册

---

① 张荣生编著：《中国历代盐文学作品选注》，凤凰出版社 2012 年版，第 465 页。

《韩非子读本》一册

《荀子读本》一册

《墨子读本》一册

《扬子读本》一册

《孙子读本》一册

《管子读本》首为《编辑大意》,其次为《管子读本目次》,其次为《管子读本》篇文内容。

《编辑大意》内容如下:

《管子》一书,实千古谈政治者之祖。然其书驳杂,有鄙俗已甚。望而知为后人增附者亦有高古莫名,决非后人所能伪为者。窃意其中可分为三类。一为真是原书,如《牧民》《山高》(即《形势》)之类。二为后人传说管子之词,如《大匡》《小匡》之类。三为假托附益之文,《轻重》各篇是。然纯真而无伪者殆无几。其真伪相杂者实多,盖久已成为一种真伪互杂之书,无由犁然区分,使各归其类矣。今不复就真伪抉择,特取义之可采,事之可传,文之可诵者若干篇,详为评注。便学人讽诵,谓之《管子读本》云。

《管子》言政治,皆原本心性,故其言确有根柢。其间如《心术》《白心》等篇,直为《老》《庄》所自出。由此可窥见古人为学远有承传,而事功与学术非二事也。兹将此类文字悉数选入,资学者研究自治之用。至若《五行》《封禅》等篇,涉于荒诞,则不复甄采云。

凡内政、外交、理财、兵法等,《管子》均见其理极,后之言政治者宗之。其先强内而后斗外,尤为治国颠扑不破之定理。盖管子特屈于陪臣,奉齐桓,尽诸侯之职,为名分所限,不得已,始以霸称耳。使果展其才,得位乘时,虽王天下可也。是故其书多为后来谋政治生活者所研讨。汉初学者讲习是书尤勤。贾晁论事,动见称引。驯致盐铁之论勒为专书,皆《管子》有以滥其觞耳。史迁有言,太公望封营邱,地泻卤,人民寡,于是太公劝女工,极技巧,通鱼盐,则人物归之,襁至而辐辏。其后齐中衰,管子修之,设轻重九府,则桓公以霸。是齐之致富,昉自太公,仲特因其余绪成法而已。然官山府海独以管氏为著,坊间选本或以其言利屏之,不知此实管氏之真本领,而理财又强国之要图,无庸讳言。初非如《轻重》诸篇之为后人伪托,不可信也。本编于此类文之入选,皆自信有独见,不随陋俗为转移。读者幸深体斯意。

《汉志》列《管子》于道家,隋唐志列之法家,均各有见。汉殆以治心标术,与老庄同类。隋唐则以其为名法之祖,然皆非也。管子之言心术,特推治术所本,以道化民,致道于用,而实不与老庄虚无同趣。至比此书为申韩之先驱,斯鞅之嚆矢,则更拟不于伦。管子虽不讳言法,而亦不专重法。其四维范民之说,决非持法者所有事也。然则管子特一政治家耳。立国以民为本,导民以富为先,稍有政治常识均能见及。而管子谆谆推说,知非欢虞小补之为学者,诚即是而得治国之猷蕴未来之措施,未始非吾国前途之一助也。

注《管子》者,仅唐之房玄龄,或谓尹知章托之。然讹谬错杂,穿凿附会,黄震《日抄》论之详矣。后由刘绩间为补定,多所发明,而近刻本实又舛误。兹编一以房注为主,其有字句太奥,释义未尽者,为参他说正之,非敢蹈向壁虚造之讥,实以彰往哲之微言,期省学子探索之劳,而相与共明古旨也。

评语注意于内容、形式两项,切实指示,不为浮浅敷衍之谈。标点新旧兼用,一如丙部他书之例。

《管子读本目次》如下:

《牧民篇》《形势篇》《枢言篇》《兵法篇》《大匡篇上》《大匡篇中》《大匡篇下》《中匡篇》《小匡篇上》《小匡篇中》《小匡篇下》《戒篇》《参患篇》《心术篇上》《心术篇下》《白心篇》《治国篇》《内业篇》《小问篇》《九守篇》《桓公问篇》《弟子职篇》《海王篇》

陈和祥《管子读本》正文没有注释,有标点。在栏上有论评。如在“右国颂”节栏上有:“治国之法,尽于是矣。”“读此犹想见当时醇朴之风。”在

“右四维”节栏上有:“固国本在制民之行,制行以四者为尤要。柳子致疑似未能通变。”篇后有评有注,如《牧民》篇评曰:“文条达,语精凿,夷吾霸齐政策尽在于此,洵所称天下才也。”注释部分对文字进行批注。注释比较精当。

第八节 唐敬杲本《管子》

唐敬杲选注《管子》由商务印书馆民国十五年(1926)出版,属于王云五、朱经农主编的《学生国学丛书》。

此书首列《学生国学丛书编例》,说明本丛书的主旨;次为《叙》,包括“《管子》书的由来”“管子传”“管子思想之溯原”“学说之三大纲领”诸多内容;其次为《凡例》,说明本书的底本与评注标准;其次为《目次》;其次为正文。

《学生国学丛书编例》内容如下:

一、中学以上国文功课,重在课外阅读,自力攻求,教师则为之指导焉耳。惟重篇巨帙,释解纷繁,得失互见。将使学生披沙而得金,贯散以成统,殊非时力所许,是有需乎经过整理之书篇矣。本馆鉴此,遂有《学生国学丛书》之辑。

一、本丛书所收,均重要著作。举略大凡:经部如《诗》《礼》《春秋》,史部如《史》《汉》《五代》,子部如《庄》《孟》《荀》《韩》,并皆刊入,文辞则上溯汉魏,下迄近代,诗歌则陶、谢、李、杜,均有单本,词则多采五代、两宋,曲则撷取元、明大家,传奇、小说亦选其英。

一、诸书选辑各篇,以足以表见其书、其作家之思想精神、文学技术者为准。其无关宏旨者,概从删削。所选之篇类不省节,以免割裂之病。

一、诸书均为分段落,作句读,以便省览。

一、诸书均有注释。古籍异释纷如,则采其较长者。

一、诸书较为罕见之字,均注音切,并附注音字母,以便讽诵。

一、诸书卷首，均有新序，述作者生平、本书概要，凡所以示学生研究门径者，不厌其详。

一、编者识力有限，固陋在所难免。当世学人宠而教之，无不乐承。

《叙》内容分为四部分：一是“管子书之由来”。作者认为，“《管子》一书，乃为战国末人所纂集，其中真伪杂糅，多非管仲自身之学说。读者但当审其思想倾向，而察其文体、笔法，自易为辨别也”。认为“旧题房玄龄注，实则所注者为唐绛州人尹知章”，注文浅陋。刘绩补注，小有纠正。赵用贤校刊，以臆窜改。至清代王念孙父子、洪颐煊、俞樾、戴望考订，安井衡《纂诂》之作，《管子》始渐可读。二是“管子传”。作者认为《管子》非尽后人伪托，有一部分是管仲自著，或为管仲平日之倡道而出于承其学者之绍述者。并从《史记·管晏列传》中抄录其生平。三是“管子思想之溯原”，言管子思想受齐国及姜太公治国思想的影响。四是“学说之三大纲领”，即富民、敬民、治民。

《凡例》内容如下：

一、此编以本馆影宋铁琴铜剑楼本为底本（此书卷首有杨忱《序》，卷末有张嵲之《读管子》、黄丕烈之《跋》，最后有戴望之《识语》）。

一、此编采录，以纯正简要，最近似管子学说者为标准。其显然为后人伪托，而其思想又不足取者，悉从删略。

一、《管子》书中，最多古文、古训，错字、错简又触目皆是，此编根据各家考证，为之诂释、订正。衍文、讹字，标以[　]符；增字、改字，则刊五号字右旁；并注明系据何家所说。

所根据之各家如次：

“尹说”……尹知章注（即旧题“房玄龄”者）

“刘说”……刘绩增注（明花斋本）

“赵说”……赵用贤校刊本

“洪说”……洪颐煊《管子义证》八卷

“孙说”……孙星衍说（载《管子义证》中）

“王说”……王念孙《读书杂志》中《管子杂志》十二卷

“王(引)说”……王引之说(载《读书杂志》中)

“俞(樾)说”……俞樾《诸子平议》中《管子平议》六篇

“戴说”……戴望《管子校正》二十四卷

“俞说”……俞正燮说

“张说”……张文虎说

“丁说”……丁士涵说

“陈说”……陈奂说

“黄说”……黄震说

“宋说”……宋翔凤说

“庄说”……庄述祖说

“吴说”……吴士忠说

“臧说”……臧庸说(以上九家之说,均载《管子校正》中)

“孙(诒)说”……孙诒让《札迻》中一篇

“章说”……章炳麟《管子余义》

“安说”……安井衡《管子纂诂》

“猪说”……猪饲彦博《管子补正》二卷

一、此编附注,主重文义之训释;岐字、僻字,于释义外,并注音读。

一、此编于原有段落外,视文义起讫,加分新段落。原有段落,另起前空一行;新分段落,另起不空。惟《戒》一篇则为例外——每事起讫,为一大段落,另起空一行;其间更分小段落,则惟另行,不空。

《目次》内容如下:

《牧民》《形势》《权修》《立政》《乘马》《七法》《版法》《五辅》《八观》《法禁》《兵法》《小匡》《问》《戒》《地图》《水地》《九变》《度地》《地员》《海王》

正文按照《目次》标出的顺序编排。在每一篇文中,注释放在每段之后。

唐敬杲《管子》选本,是从现存的《管子》七十六篇中选取了认为最符合管仲学说的二十篇,用新式标点加以标点,然后对文句做出解释。底本用涵芬楼影印宋杨忱《序》本,解释文句的时候,不是罗列诸说,而是采用自己认为最适合的解释,将文义标出。此书是为民国时期的中学生拓展视野、作课外阅读之用,是非常好的删减本。

唐敬杲(1898—1982),字旦初,漕河泾镇人。毕生从事辞书编写和日文翻译,参与编著《新文化辞书》《学生国学丛书》等。

第九节　万有文库本《管子》附《校正》

王云五主编,赵用贤本《管子》附戴望《管子校正》,商务印书馆民国二十二年十二月(1933 年 12 月)初版。此本属于万有文库第一集,属于国学基本丛书。

此本首为赵用贤《管子书序》,次为刘向《管子书录》,次为《凡例》,次为《管子文评》,次为《管子目录》,次为《管子》正文。

本书包括《管子》篇文与戴望《管子校正》,分为五册。《管子书序》《管子书录》《凡例》《管子文评》,依照赵用贤本《管子》排印。

第一册的《管子》篇目,从第一卷《牧民》第一,到第八卷《王言》第二十一。第二册的《管子》篇目,从第九卷《霸形》第二十二,到第十六卷《小问》第五十一。第三册《管子》篇目,从第十七卷《七臣七主》第五十二,到第二十四卷《轻重庚》第八十六。附《管子校正》二册。

《管子》正文部分,首列《管子》篇名,下列卷数,其次为篇题,其次为本篇的分属。以第一卷为例,首为《管子》,下为“卷一”,下为“牧民第一(国颂四维 四顺 士经 六亲五法)”,下为“经言一”。

此书依照赵用贤本《管子》,用铅字排印,用黑点断句,注释亦有断句。此书包含内容与赵用贤本《管子》相同,是全本。附戴望《管子校正》,说明王云五认为戴望的《管子校正》代表了当时的最高水平。

又,戴望的《管子校正》是全本。前有潘祖荫的《序》。

第十节　石一参《管子今诠》

石一参《管子今诠》，民国二十七年三月（1938 年 3 月）初版，商务印书馆（长沙南正街）出版发行。1988 年，中国书店据商务印书馆本影印发行。

此书首为《管子今诠概论》，次为《读管子界说》，次为《管子今诠旧序一》，次为《管子今诠旧序二》，次为《管子今诠旧说》，次为《管子今诠后序》，次为《今审定篇目》，次为《管子篇目今旧分并异同表》，次为篇章内容。

在《管子今诠概论》中，作者言“吾国为世界民族开化最早之国”。孔、老二家，集炎黄之下唐虞三代之大成。周初文化，源出姜姬。姜出炎帝，是道家所祖。姜太公治齐，形成海国文化。周公长子伯禽治鲁，形成陆国文化。管子齐人，以齐人执齐政，崇尚功利。管子治国之要有三：理财，明法，治兵，而以道德为本。春秋战国之交，天下之言，集于老、孔二家。又有墨翟、管仲。管仲尚功而墨子尚贤。而管仲之后，其学式微。

作者认为，古代政治家中，管仲集殷周开国政治家伊尹、姜尚之大成。而老聃集道学之大成，孔子集儒学之大成。宋代王安石之学颇近管仲。《管子》的流传，尹知章贡献颇大。清乾嘉间，治诸子者渐多，管氏之书因此可读者乃十有八九。《管子》一书与欧洲文化多有相合之处。故作者就原书，正其章句，略出己见，正其讹误，以便来学。

在《读管子界说》中，概言《管子》一书原列道家，后人以列法家，以其书言法者多。其实政法皆源于道德之旨。《管子》为政论之书。《管子》之言法，详于制度而略于刑名。立国于列强争存竞长之间，非权谋不足以应付其环境之变态。中国是东方古代哲学之代表，其起源于阴阳五行之术数，《管子》保存了古代这方面的思想。《管子》的轻重思想，与民生国计相关。《管子》的兵家思想，是齐学之特色。同时，《管子》也表现了古代列国争衡的状况和齐国社会的发展状况。

《管子今诠旧序一》，为刘向《管子叙录》，此处略而不录。

石一参在《管子叙录》后按曰：“向序称中藏管子书三百八十九篇，外卜圭、富参、校尉立亦各有异本，与太史书九十六篇并传。是《管子》之为汉代行书无疑。圭、参、立书篇数，各自悬殊，而同时流行民间，要必各有师承，或习法，或习兵，或习轻重之术，阴阳术数之学，一如汉初之习儒术者，或传《诗》，或传《礼》、传《易》，或传《尚书》《春秋》，各自名家，此古人治学务专之公例，可推而知也。太史为周秦汉初职掌书籍之官，其篇数较为完整可稽，而向序云，以中外并校，除以复重，四百八十四篇，定著八十六篇，数颇不合。其减少太史书之十篇，亦复何据？惜所减节篇名，今不可考。殊为歉然也。”

《管子今诠旧序二》，为明赵用贤《管子》序。

《管子今诠旧说》，出自赵用贤《管子文评》，而对《管子文评》的顺序进行了调整，将“梁刘勰《文心雕龙》云”从第一条调整到“晋傅玄曰”之后。删去了陈振孙一条，增加《隋书·艺文志》一条。且在每条下都加按语，以表达自己的看法。

《管子今诠后序》，言本书篇目的修订，对文字及《管子》传本的问题进行考察，表达了匡补阙谬的心愿。

《今审定篇目》中，将书分为上中下三编。

上编为“经言”(原注：附《解》。冠以《枢言》，并《学则》，别为首编)。

中编为“内言”(原注：附《短语》。论说之文)。

下编为“外言”(原注：问答杂编。传记之文)。

末附《短语》问答一编(原注：即旧本《侈靡篇》之全文)。

以下为目录：

第一　上编

一　枢言

二　学则(原名弟子职)

三　经言一十有二篇(附解十篇)

第一篇　宙合

第二篇　天地

第三篇　心术上

第四篇　心术下

第五篇　五正

第六篇　九败

第七篇　牧民

第八篇　乘马

第九篇　版法

第十篇　法经

第十一篇　形势上

第十二篇　形势下

第二　中编

内言（论说之文）分为六卷，合四十有六篇

第一卷　道家言共四篇

一修身　二正形　三白心　四内业

第二卷　政家言别为权谋家言共一十六篇

一立政　二修权　三度地　四制分　五牧民　六君臣　七正言　八五辅　九九惠　十王言　十一霸言　十二霸形　十三四伤　十四八观　十五附六十八问　十六附七主七臣

第三卷　阴阳术数家言共五篇别为农家言一篇

一五官　二四时上　三四时下　四五行　五水地　六附地员

第四卷　法家言共六篇

一法法　二重令　三明法　四任法　五正世　六法禁

第五卷　兵家言共八篇

一兵法　二兵数　三七法　四言是　五参患　六地图　七谋失　八九变

第六卷　计家言共六篇

一三经　二国蓄　三轻重　四禁藏　五治国　六侈靡

第三　下编

外言（传记之文）分为五卷，合旧目二十六篇

第一卷　管子相齐始末（自《大匡》《中匡》《小匡》以下合《小称》诸篇）

第二卷　桓公君臣问答（自《桓公问》《问霸》以下，合《小问》《度地》《四称》诸篇）

第三卷　乘马九府问答（自《臣乘马》至《揆度》《国准》诸篇）

第四卷　轻重法（自《轻重甲》至《轻重己》，今定名《轻重法》）

第五卷　短语问答杂编

《管子篇目今旧分并异同表》中，著者将《管子》原来的篇目与《管子今诠》的篇目进行对比。言太史公所见为九十六篇，而明本《管子》为七十六篇，则已经亡佚二十篇。吴竞《书目》载《管子》三十卷，则今本《管子》亡佚占五分之一。故此石一参将传本《管子》进行分合，定为九十六篇，以符合《史记》记载的篇数。

在篇章内容中，石一参将《枢言》作为《管子》最核心的文章，使其代替《牧民》成为《管子今诠》的第一篇文章，句下有注释。将《弟子职》列为《管子今诠》的第二篇，改名为《学则》，认为是“齐学施教受业之纪律”。将《宙合》分为两篇文章，为《宙合》《宙合解》。将《心术上》分为两篇，为《心术上》《心术上解》。将《势》改名为《天地》。诸如此类，分合《管子》原有篇章，增加篇章数目，以合《史记》所载的九十六篇之数。《管子今诠》改变《管子》原有篇章顺序，改变篇名，是非常有特点的一部著作。但郭沫若《管子集校》对此评价甚低。

石一参，1851 年出生，未知卒年。名广权，号蕴三，湖南邵阳人。清末留学日本弘文学院及政法大学，归国后流寓北京讲学，曾任上海群治大学文学院院长兼代校长，湖南大学教授兼湖南国学馆主讲。著有《燕尘录》《后燕尘录》《老学今诠》《论语今读类编》《张子正蒙注诠言》《说文匡鄦》《老学源流记》《说诗解颐》《学易斋易象哲理观》《苍石山房文字谈》等。顾颉刚曾题《管子今诠》曰：“此书于抗日战争中出版，其时予在陇滇，不但未见，亦未知也。今日阅书于中国书店，得之。知其用力甚深，而仍不详石君为何如人也。世之学者湮没不彰者何限，而我辈以居都市之故，遂易欺世盗名，书此志愧。”①

---

①　胡适著，肖伊绯编：《胡适的自传》（中英文汇校本），福建教育出版社 2014 年版，第 77 页注。

第七章　当代《管子》版本

当代《管子》版本众多，就印刷形式来说，既有影印本，亦有排印本；就《管子》内容来说，从20世纪80年代开始，有了《管子》白话全译的新形式。本章选取有代表性的《管子》版本进行论说。

第一节　《诸子集成》本《管子校正》

《诸子集成》本戴望《管子校正》，1935年由世界书局出版。因为中华书局影印有校改，及传播较广之故，此处用1954年中华书局影印本。

《诸子集成》成书于20世纪30年代，由国学整理社辑录，世界书局1935年出版。世界书局本《诸子集成》收书32种，分为上下两编，上编收录先秦诸子的著作以及后人对先秦诸子的评述考据著作22种，下编收录汉魏六朝的诸子著作共10种。中华书局于1954年、1956年、1959年、1986年多次用世界书局版重印。世界书局版校勘欠精，中华书局前两次重印时采用重排和挖改纸型的方法改正了原版中的许多错误和脱漏。中华书局认为，世界书局本所收梁启超的《管子评传》、麦梦华的《商君评传》、陈千钧的《韩非新传》和《韩非子书考》等四部著作与全书的编辑体例不一致，故于1954年重印时将此四部书一并删去，所剩28种诸子著作分为八册出版。①

《管子》在《诸子集成》第五册，本册收有清代戴望《管子校正》、严万里校《商君书》、钱熙祚校《慎子》、王先慎《韩非子集解》。

此本《管子校正》首为赵用贤撰《管子书序》；次为刘向《序》；次为同治

① 李振峰：《读古文通识》，中国和平出版社2014年版，第238页。

十二年吴县潘祖荫为戴望《管子校正》写的《序》;次为《凡例》,所用乃赵用贤本《管子》所写《凡例》;次为《管子文评》,所用乃赵用贤本《管子》所写《管子文评》;次为《管子目录》,共二十四卷,所用底本为赵用贤本《管子》;次为《管子》正文,格式为:"管子(附校正) 尹知章注 戴望校正",其下为每卷的篇文内容,在每卷之后,有戴望《管子校正》本卷的原文。

潘祖荫《序》云:

> 戴君子高寄其所著《管子校正》属序于荫,荫何足以序子高之书哉!荫之慕子高久矣,则于其书何可以无言?自明人刊书而书亡,诸子幸以道藏本得存。《管子》不列于道藏,故屡经明人刊刻,其书在若泯若没间。吾吴黄荛圃有绍兴本,其中足证各本之谬者实多。如《形势篇》"虎豹托幽而威可载也"未误为"得幽","邪气袭内"未误作"入内","莫知其泽之"未误作"释之","其功违天者天围之"未误作"违之"。《乘马篇》"凡立国都,非于大山之下,必于广川之上",未误作"太山","蓺镰缨得入焉",未误作"缠得"。《版法篇》"法天合德,象地无亲",未误作"象法"。《幼官篇》"必得文威武官习胜下"未衍"之"字,"则其攻不待权舆,明必胜则慈者勇"未误作"权与"。《宙合篇》"内纵于美好音声"未误作"美色淫声"。《枢言篇》"贤大夫不恃宗室"未误作"宗至"。《八观篇》"故曰入朝廷观左右本朝之臣","右"下未衍"求"字。《法法篇》"矜物之人"未误作"务物","内乱从此起矣",未脱"矣"字。《小匡篇》"管仲诎缨捷衽"未误作"插衽","维顺端悫以待时使",注"待时,待可用之时也","也"上未衍"而使之"三字。《霸言篇》"骥之材百马代之",又"强最一代",未均误作"伐"。《戒篇》"东郭有狗嘊嘊",注"枷谓以木连狗"未误作"猳谓"。《形势解》"臣下堕而不忠"未误作"随而","弱子,慈母之所爱也,不以其理"下未衍"动者"二字,"乱生独用其智而不任圣人之智"未误作"众人","使人有理,遇人有礼","理""礼"二字未互倒。《版法解》"往事必登"未误作"毕登"。《海王篇》"万乘之国人数开口千万"未误作"问口"。《山国轨篇》"不藉而赡国,为之有道乎",未误作"道予"。皆与王怀祖先生《读书杂志》相合。其他类是者尚多。

今归东昌杨氏矣。子高，陈硕甫先生高足弟子，实事求是，深恶空腹高心之学。是书精当，必传无疑。先是湘乡师闻荫欲为刊其所著书，并欲重刻《管子》，且推及荀贾董刘扬老庄列淮南诸子善本，会师归道山，其议遂罢，而子高亦病矣。古学废兴，间不容穟，可慨也夫！同治十二年癸酉二月吴县潘祖荫。

《诸子集成》本《管子》，以“管子校正”为题，繁体竖排排印《管子》，这是一个新的版本。《管子校正》本以赵用贤本《管子》为底本，用赵本所排印的《管子序》《管子凡例》《管子文评》。但是在排印《管子》篇文的时候，将赵本“房玄龄注”改为“尹知章注”。在每卷之后，将戴望《管子校正》的内容，依照次序排印。这是内容比较完备的《管子》版本。

戴望(1837—1873)，清经学家。字子高。浙江德清人。为诂经精舍名宿周中孚甥，家学渊源。补诸生，一赴秋试，遂弃举业。好先秦古书。初致力辞章之学，继读颜元书，后从长洲陈奂，通声音训诂。复从宋翔凤受《公羊春秋》，通公羊之学。知西汉经师家法，以《公羊》义释《论语》，博稽众家，皆檃栝《春秋》及五经义例，著《论语注》。好颜元书，以为颜李之学，周公孔子之学，惜其湮没不彰，则条次言行及师承，作《颜氏学记》。喜讲颜元、顾炎武遗书，尤留心明末记载，拟辑《续明史》，未就。精校勘，诗工五言。①

戴望《管子校正》二十四卷，以赵用贤本《管子》为底本，按照篇章顺序，对《管子》进行校正。此本不录戴望《管子校正》中刘承干《管子校正跋》文。

戴望《管子校正》参考了刘绩《管子补注》本、朱东光中都四子本《管子》，还从铁琴铜剑楼借阅南宋浙江刻本(今按：戴望在《管子校正》中称作“宋绍兴本”)《管子》进行校对。戴望借阅《管子》种类数较多，其中以南宋浙江刻本为最善。还有“元刻本”，当是郭沫若所指的十行无注本。

此书参考了戴望之前学者的《管子》研究成果，包括王念孙、丁士涵、俞樾、张文虎、俞正燮、安井衡、陈奂、洪颐煊的《管子》研究。还参考了其他典籍和类书，主要有：《太平御览》、《艺文类聚》、《群书治要》、赵蕤《长短经》、

① 张岱年主编：《中国哲学大辞典》，上海辞书出版社2010年版，第648页。

《尔雅》、《玉篇》、《北堂书钞》、《意林》、《说文解字》、《公羊传》、《春秋繁露》、《鹖冠子》、《考工记》、《吕氏春秋》、段玉裁《说文解字注》、杜预《春秋左传集解》、《通典》、《尚书》、《礼记》。

第二节 《管子选注》

《管子选注》由《管子》注释组撰写，吉林人民出版社 1975 年 9 月出版。

《管子》注释组的写作单位，包括长春新华印刷厂、吉林化肥厂、国营长春机械厂、中国人民解放军三〇三六部队、吉林省哲学社会科学研究所。

此本首为《前言》，次为《目录》，次为《管子》篇文。

在《前言》部分，《管子》注释组主要考察《管子》的性质，说明注释和评价《管子》的方法。《前言》说："《管子》是我国古代一部重要的法家著作汇集，基本上是战国时期齐国一些佚名法家的作品。这部书，内容极为丰富，涉及政治、经济、军事、哲学以及自然科学等领域。它在我国历史上，曾产生过积极的影响"，"今天，我们必须用马克思列宁主义的观点，对《管子》进行重新注释和评价。"认为《管子》一书"与管仲有着思想渊源"，是"春秋战国社会大变革的产物，同当时齐国的阶级斗争有着密切的联系"。

根据目录，本书收录《牧民》《权修》《立政》《八观》《任法》《重令》《法禁》《正世》《君臣下》《禁藏》《七法》《参患》《乘马》《治国》《国蓄》《乘马数》《海王》《度地》《形势》《心术上》，共 20 篇。

在《管子》篇文中，首先是"说明"部分，以阶级分析法说明本篇的主旨和本篇的主要内容，对作品的思想性进行判断。

以第一篇《牧民》为例，此篇在"说明"部分，著者说：

> 《牧民》是一篇阐述法治思想的政治论文。作者根据新兴地主阶级建立和巩固封建政权的需要，提出了治理国家、统治人民的理论和原则。
>
> 它的主要内容是：
>
> 一、从朴素的唯物主义观点出发，提出了"仓廪实则知礼节，衣食足

则知荣辱”的理论，要求统治者必须“务在四时，守在仓廪”，致力于土地的开垦，发展农业生产。

二、在发展农业生产的基础上，采取教化和赏罚并行的措施，加强对“四维”（礼义廉耻）的整顿，实行“严刑罚”“信庆赏”的法治政策，以确立封建统治秩序，加强对人民的统治。

三、为了适应社会的变革，要求统治者“顺民心”、“量民力”、从民“四欲”，实行“予之为取”的剥削统治方式，争取人心，壮大新兴地主阶级力量，以便战胜奴隶制，确立封建制。

四、要求统治者掌握“治国之道”，打破奴隶制统治下的同姓、地域界限，“以天下为天下”，任用新兴地主阶级人才，掌握国家政权，以巩固君主的统治地位。

作者适应当时社会的变革，提出了一些比较进步的主张。这些思想和主张，反映了战国时期新兴地主阶级确立封建制，建立封建政权的愿望和要求。但作者并没有完全摆脱奴隶制旧思想的影响，仍然把“孝悌备”“六亲固”“恭祖旧”等旧观念，作为自己思想主张的一部分，特别是过于强调“礼、义、廉、耻”的作用，把“四维”与国家的存亡联系起来，反映了本篇的法治思想还不够鲜明，不够彻底。

在“说明”之下，是本篇的原文，在当页下作注，对原文进行注释。不常见字用拼音和同音字进行标注。参考其他典籍对《管子》原文进行校改，有的注释之下，还对篇章中的观念进行分析。

第三节　赵守正《管子注译》（上下）

《管子注译》，赵守正撰，上册由广西人民出版社 1982 年 9 月出版，下册由广西人民出版社 1987 年 9 月出版。

此本首为钱家驹《序》，次为赵守正《〈管子注译〉撰写说明》，次为《目录》，上册从《牧民》第一到《侈靡》第三十五，下册由《心术上》第三十六至《轻重庚》第八十六。

钱家驹《序》的主要内容如下：

《管子》是我国春秋战国时代诸子百家中一部著名的子书，但它并非管仲所作。《管子》非一人之笔，亦非一时之书，这已成为定论。它为什么有那么大的影响呢？一二十年来，有不少专家学者为之注释，为之考证，一直到解放以后，郭沫若同志在许维遹、闻一多两先生遗著的基础上，加工整理，汇成《管子集校》一书，其他著名学者考证《管子》的，自汉以还，代不绝人。……《管子》的内容包括哲学、政治学、经济学、理财学、军事学、地理学、医学以及自然科学各个方面，实在是很丰富的宝藏。所以《管子》虽然不是一人写的，也不是一个时代的作品（有的作品年代相距可能达数百年），他们都是伪托管仲，以期传之后世，因为管仲是我国春秋时代著名的政治家，他辅佐齐桓公，“九合诸侯，一匡天下”，影响非常深远，连孔夫子都说，要是没有管仲，他要“披发左衽”，做异民族的遗民了。可见管仲对汉民族的贡献是很伟大的。因此，许多人假借他的名义，成《管子》一书，记述管仲的言行，并考择他的哲学、政治、经济、军事思想，基本上代表管仲的法家思想，但也掺杂一些儒家的东西……

我国春秋战国时代，百家争鸣，学术思想空前活跃，真是繁花似锦、光辉夺目。《汉书》艺文志称诸子共一百八十九家，但现在流传下来的为数无几，绝大部分已被时代所淘汰了。而这为数无几的“百家”中，《管子》又是很重要的一家，尽管大家一致公认《管子》是托古改制的伪书。这就是因为它蕴藏着许多哲理和真理，不仅为研究中国古代思想史者所必读，有些理论还值得我们今天“治国平天下”的借鉴。……但也正由于《管子》非一人之笔，一时之书，历时千载，简篇脱漏，文字错乱，词义古奥，素称难读，不要说年轻学子看不懂，即专家学者，亦常因原作脱误叠加，见仁见智，各有不同的解释。人民大学副教授赵守正同志治《管子》多年，在前人研究的基础上，试把《管子》古文译为语体文，使古文根底较差、只要略具中等语文水平的人都得以欣赏这一名著。

赵守正《〈管子注译〉撰写说明》的主要内容如下：

《管子》是我国一部著名的古代典籍。它的内容非常丰富，涉及经济、政治、军事、哲学及自然科学等各个领域。它托名管仲，实际上并非管仲所著。它是兼有战国秦汉文字的一部文集，而不是一人一时之作。西汉末年，经刘向整理，定为八十六篇，后来佚失十篇，仅存七十六篇，这就是现在流传的《管子》。《管子》虽非管仲所著，却保持了管仲的政治、经济思想与管仲相齐的历史资料。管仲相齐，实行了政治、经济、军事等各方面的改革，辅佐桓公，"九合诸侯，一匡天下"，其影响是巨大的。管仲死后，齐国遵其教者数百年。战国时代那些崇奉管仲的学者，继承管仲的思想，记述管仲的言行，并且不断发展和丰富他们这一学派的理论；他们也打着管仲的旗号，阐发自己的主张；前后相传，积累成书。迨至秦汉，又有作品掺入。这部书在诸子百家中占有特别重要的地位。凡是研究我国古代政治、经济及其思想史的人，《管子》是一部非读不可的参考书。

但《管子》一书素称难读。主要问题是简篇错乱，文字夺误，词义较为古奥，费解之处甚多。历代学者（特别是清代的训诂家）虽迭有勘校注释，亦因舛误歧出，各家意见不尽相同。近人许维遹、闻一多、郭沫若诸先生曾将各家注释比较董理，汇成《管子集校》一书，于一九五五年由科学出版社出版。郭、闻、许诸位先生博收众议，参附己见，用力甚勤，为《管子》校释提供了一部总结性著作。然分歧之见，见仁见智，也随处有之。看起来，欲求前人注释的完全一致，是不可能的。对《管子》这类古籍的注释与研究，只有坚持"百家争鸣"的精神，不断地努力探索，集思广益，才可以逐渐臻于完善。

本书试图在前人研究的基础上，对《管子》进行注释与今译。这是一项十分吃力的工作。本书采用的底本是《四部备要》所刊明人赵用贤校定本，校勘及注释则主要参据《管子集校》。对前人一致的意见，自然较易处理，对各家尚有分歧的意见，则只能择其合于通篇文义者采用之。但古今各家，论点既有歧异，论据也各有所宗，究竟哪一种见解合于历史真实，取舍之际，不得不反复斟定，颇费周折。特别是通篇今译，需要逐字逐句作出解释。前人注书所留悬案不少，通篇今译却不能处以空白。我国解放前后还没有一部今译《管子》的全书可资参考。古文文约义丰，有些辞意今昔迥异，有时数易其稿，还觉得未达原意。但笔者从事此项研究，主要是为教学工作服务的。其对象是高等学校的青年学生与研究生，为他们学习古代历史、政治思想史、经济思想史、农业史、商业史、哲学史等课程提供一种参考资料。这就需要用通俗的语言，介绍《管子》的内容，今注今译是在所必需的。……本书分为上下两册。上册由《牧民》篇第一至《侈靡》篇第三十五，下册由《心术上》篇第三十六至《轻重庚》篇第八十六。上下册的分法与《管子集校》相同。校勘时所用的版本名称，亦同《管子集校》。凡注译中，参据《管子集校》所载的古今各家意见，一般都只取其说，未录其名。但依篇按目，查阅《集校》原书，即可了解出处。

赵守正《管子注译》全文正文加标点，其后为“注释”，对篇内字词进行注释，注中对部分文字根据《管子集校》进行校改，其后为“译文”。在“注释”中，对篇名含义进行解释。如《心术上》，注释“心术上”的含义，说：“心术上，此指《心术》上篇，其下篇序次第三十七，见后。本书《心术》上下及《白心》《内业》等四篇哲学论文，观点一致，似出自一家之手。本篇之所谓‘心术’，意即心的功能。《庄子·天道篇》亦见有心术一词，据唐成玄英疏：‘术，能也。心之所能，谓之心术也。’古人以心为思维器官，并认为是人体的主宰，故以心比君。本文在着重论述心的功能及其活动原则时，也探讨了人君的治国方法。本篇前经后解，经与解各有六段文字。解文是对经文的说明和阐发。”在注释过程中，注意前后文义的照应，注意到了不同篇章中含义的解释和照应。在《心术上》“扫除不洁，神不留处”，解释“神”的含义时，说：“神，意同‘道’，在《心术》《内业》诸篇中，道与神、精等往往通用。此处‘虚其欲，神将入舍，扫除不洁，神不留处’等神字，均指道言。郭沫若著《宋钘尹文遗著考》一文也曾指出：‘《内业》和《心术》的基调是站在道家立场的。……这道……可以称之为气，称之为精，称之为神。’”可见在解释文字含义的时候，注释者还参考其他典籍，重视文义的考释。

赵守正《管子注译》是中华人民共和国成立之后，较早对《管子》全文进行解释和白话翻译的著作，具有开拓意义，故录之。

第四节 赵守正《管子通解》

《管子通解》，赵守正撰，分为上、下两册。上册由北京经济学院出版社1989年8月出版，下册由北京经济学院出版社1989年10月出版。

此本首为《前言——〈管子〉断代》，次为《例言》，次为《目录》，列86篇，10篇有目无书，次为《管子》正文。

在《前言——〈管子〉断代》中，著者的主要观点如下：

《管子》是依托管仲之名而成书的。以人名书，古之常例。管仲，名夷吾，字仲，春秋齐颍上人，公元前685至前645年，相齐达四十年。他辅佐齐桓公“九合诸侯，一匡天下”(《论语·宪问》)，成为春秋五霸之首，在政治、经济、军事等诸多领域都有重要改革与建树。他是我国古代的政治家、军事家与经济思想家，在古代中国的影响是深远的。《管子》一书，依托管仲之名，并非偶然。

《管子》书记有管仲相齐的历史，载有管仲的治国学说与事迹，其中不少内容与其他先秦古籍相合。这些内容应被看成可信的历史资料，它们散在各书，比较集中地收入于《管子》。《管子》从来是研究管仲的一部重要文献。

但是，《管子》并非管仲所作，也不是管仲同时代人的作品。管仲在世时，社会上还写不出来象《管子》书中那样的文章；而且，书中不少地方述及管仲逝世以后的史实，更是明证。例如，《立政》篇提出批判“兼爱”的学说，兼爱乃墨子的口号，墨家的出现，是管仲死后百余年的事。《小称》篇提到“毛嫱、西施，天下之美人也”，毛嫱、西施乃吴越称霸时人，其时，管仲也已经逝世很久了。《小匡》通篇记述管仲相齐的事迹，与《国语·齐语》大同小异。但《国语·齐语》的语言简约古朴，体现其成文较早;《小匡》则比较周严明确,体现其成文较晚。仅以论述四民分业定居的部分文字,试加比较,就可以看出这个差异。……《管子》一书,不是管仲写出的作品,学术界几乎已成定论。

因此,管仲其人与《管子》其书,应当说既有联系,又有区别。其联系之处,表现在《管子》书中确实记述了管仲的思想和言行,阐述了管仲的主张;其区别之处,表现在这些记述非出自管仲之手,而是战国秦汉学者不止一人的著作。这些学者,一方面追述了管仲相齐的言论与实践,继承发扬管仲的学说;另一方面,又打着管仲的旗号,大量阐发个人的见解。在《管子》书中,包括不同时代、不同学派的学说,并有少数不甚相同的观点,就是与这个特点有关的。

那么,为什么说《管子》成书于战国秦汉呢?这是本书“前言”所要回答的主要问题,需要分别地加以论述。

成于战国时代的篇章,占《管子》书的大部分。许多学者认为写成于齐国的稷下学官,出自许多稷下先生之手,这个论点是正确的。只是详加考释,正面提出论据者不多。稷下学官是战国时代齐国兴办的一座规模宏大的学堂,由于地处齐国都城临淄的稷门附近,故称稷下学官。据东汉末徐干《中论·亡国篇》记载:“齐桓公(按:指战国时田氏齐国之桓公田午,非指春秋时姜氏齐国之桓公小白)立稷下之官(按:疑为‘宫’字之误),设大夫之号,招致贤人而尊崇之。自孟轲之徒皆游于齐。”

这就是说,稷下学官,早在田氏齐国田午当政时就已经创立起来了。桓公田午在位的年代,为公元前374至前357年,可知稷下学官的建立,最晚在公元前357年以前。再据《史记·田敬仲完世家》所记:“宣王喜文学游说之士,自如邹衍、淳于髡、田骈、接予、慎到、环渊之徒七十六人,皆赐列第,为上大夫,不治而议论。是以齐稷下学士复盛,且数百千人。”

这里所说的“复盛”,意思就是早在宣王之前,桓公午(宣王之祖父)及威王因齐(宣王之父)的时代,就曾经是兴盛的。仅仅根据这些论述,我们可以断言,稷下学官曾在战国时期田齐政权下经历几代的繁荣。如此悠长的历史，如此众多的学者，如此鼎盛的文风，它在当时显然是齐国的政论中枢与文坛重地，说《管子》书写成于此时此地，是十分接近实际的。必须指出，战国时代的齐国政权虽然由姜姓改变为田姓，但田氏统治者对于春秋前期姜氏齐国桓、管治齐称霸的事业，始终是景仰的。齐威王在他自铸的青铜器《陈侯因资敦》铭文中明白写道："高祖黄帝，迩嗣桓、文（按：指齐桓公与晋文公）"；齐宣王也曾以非常景慕的口吻问于孟子："齐桓、晋文之事，可得闻乎？"（《孟子·梁惠王上》）景仰齐桓公的事业，实际上也是景仰管仲相齐的功绩，他们都是崇拜管仲的。田氏齐国的统治者如此，那么，活跃在稷下学宫的学者们，把他们的文章汇集命名为《管子》，也就是完全可以理解的了。

就《管子》的内容看，也可以寻找出不少田齐政权活动的特色。田氏专齐、代齐所依靠的重要手段就是争取民心，这一点在史书记载上十分突出。他们运用以大斗出贷以小斗收的贷粮济民措施，几乎行之数代而不衰。加上其他收揽民心的办法，结果形成齐国百姓"其爱之如父母，而归之如流水"（《左传·昭公三年》）……

田氏专齐与代齐是以臣挟君而代君，此种事例的性质，在一般先秦古籍中，尤其在儒家经典中，认为是明显的大逆不道。公元前481年田成子杀齐简公，孔子就曾请命鲁国出兵干涉……

战国时代，各国统治集团无时不在研讨富国强兵之策与治世安民之道。在齐国，这项任务不能不同时落到"不治而议论"的稷下先生肩上。问题在于：稷下学宫是一个规模很大，"且数百千人"的学府。其中有国内外大批知名学者作为教师，也有众多的青年学子读书受业。这就要求稷下先生的作品既须是政论文章，为国兴谋；又须是学府教材，以资讲授。我们翻阅《管子》书的大部分，正具有这两方面的特点。……总之，说《管子》书的大部分成于战国时代的齐国稷下学宫，出自许多佚名的稷下先生之手，看来是颇有根据的……

秦代立国时间甚短，遗文不多；但是，在《管子》书中，确实杂有秦文。据郭沫若考证，《明法》篇乃韩非后学所为，成于秦代，即其一例（见郭沫若等撰《管子集校·明法篇》）。至于所谓汉代的作品，则主要是指

《轻重》十九篇而言。……从文章内容与时代背景上考察，大体上可以说是汉景帝时吴楚七国之乱以后的作品……

一部著作跨过几个时代，自然各有特点。就管仲创说而论，时在春秋；就稷下成书而论，时在战国；就《轻重》诸篇的问世而论，则时在西汉。历史条件不同，时代要求不同，则议论的针对性也自各有所异。……不同作者既然以继承发展管仲的思想为文，或者以依托管仲的名义为文，也就需要一般地照顾到关于管仲的传说和遗教，从而形成立论上的共同线路。刘向在编辑本书时，从五百多篇中删减重复，确定取舍，也不能不考虑这个共同点。故在《管子》全书中，其法家倾向、重农思想、任法兼及教化、富国并务强兵，乃至哲学思想的前后论述，都是基本上一致的。书中前后矛盾的论点毕竟是极少数。在我国古代诸子百家中，《管子》仍是一部独具特色、并且大体上自成体系的著作。

在《例言》部分，著者说明了本书的体例：

一、本书通解《管子》全文，其篇目次序悉依原貌，不加改动。《管子》八十六篇共分八个部分，其排列次序如下：

（一）经言九篇：自《牧民》第一至《幼官图》第九；

（二）外言八篇：自《五辅》第十至《兵法》第十七；

（三）内言九篇：自《大匡》第十八至《戒》第二十六（其中佚亡一篇，有目无文）；

（四）短语十八篇：自《地图》第二十七至《九变》第四十四（其中佚亡一篇，有目无文）；

（五）区言五篇：自《任法》第四十五至《内业》第四十九；

（六）杂篇十三篇：自《封禅》第五十至《问霸》第六十二（其中佚亡三篇，有目无文）；

（七）管子解五篇：自《牧民解》第六十三至《明法解》第六十七（其中佚亡一篇，有目无文）；

（八）轻重十九篇：自《巨乘马》第六十八至《轻重庚》第八十六（其

中佚亡三篇，有目无文)。

本书之目录即依此次序排列。前人所持更改篇目次序之说，只对其少数言之成理者记于解文之中。全书之布局不动。

二、本书所用之《管子》底本为《四部丛刊》本。对文中衍、误、脱、窜的校勘改正，则以其他版本及古今各家校释为主要依据。1955 年出版的郭沫若、闻一多、许维遹所撰《管子集校》(现收入《郭沫若全集》)，对《管子》的各种版本及古今各家校释举列甚详，本书即采用其版本名称并参用各本、各家见解。但各本、各家所见不尽相同，甚至有针锋相对之处，本书则只采用笔者认为正确可取的一种说法，不罗列众说，不展开争论。对古今各家所见未及之处，笔者也根据文意作一些校勘改正，但总地说来，改字的范围力求其小，以无伤古籍原貌。校勘之处，一般都加注语，并将衍误之原文旧字，印成小号字型，用方括号〔　〕附加于下。

三、本书在每篇篇名下皆简作题解，以说明各篇题目的涵义及题目与内容的关系。除解题外，则为全文的注解与译解(今译)，这是本书的主要部分。注解力求准确，重在存真求实。译解之文也一般采用直译……

四、本书撰写之前，笔者曾于 1979 至 1984 年间著有《管子注译》上、下两册。该书由广西人民出版社 1982 年及 1987 年分册出版。该书撰写中的主要缺憾是注文少而佚文不全……大体说来，新作之"通解本"比较旧作之"注译本"有以下几点区别：

(一)增写前言，作一个简单的断代分析，帮助读者在阅读本书之前大致了解成书的时代。

(二)充实题解并置于各篇正文之前，帮助读者在阅读每篇之始即明确认识篇名的涵义。

(三)增加新注与充实旧注，帮助读者更加详细完备地理解原文。

(四)改变体例，由以篇为单位的统一校注改为一篇中的分段校注，以便容纳更多的内容并为读者提供阅读上的方便……

赵守正《管子通解》以《四部丛刊》本《管子》为底本，在每篇篇文之前，对篇文内容做出解释，并根据篇文的层次，对其内容进行概说。以第一篇《牧民》为例，著者首先解释《牧民》篇的含义："牧民：治理或统治人民。'牧'之本意为牧养牲畜，古代统治阶级及其思想家把它引申于人及社会的治理，牧民之语乃常见于古籍。本文自始至终论述治国、治民的原则与经验，故称《牧民》。"然后对本篇的五部分内容进行解说："本文五部分皆有专题，其题目名称与涵义如下：一、国颂：论述治国、治民的一般原则，行文有韵，如《诗》中颂体，故称国颂。二、四维：论述礼、义、廉、耻四者如维系国家存在的四条巨绳，故称四维。维，指系物或结网的维绳。三、四顺：论述为政必顺民心的原则与经验。全面列举民之四欲与四恶，并提出从其四欲则亲、行其四恶则叛的总结性论断，故称四顺。四、十一经：论述十一项有关政治、经济等方面的重大政策，称十一经。原文'十一'两字误合为'士'，今改。五、六亲五法：本题与内容不甚相符，闻一多疑为'四观'之误，可备一解。但本节文字仍是讲述为君之道及牧民治国的原则，在内容上，仍是首尾贯穿，未离全文主旨。"

赵守正《管子通解》在每篇文章中，按照段落进行标点，将注释放在段后，用自己的语言进行解释。在注释的过程中，参考了尹知章注、猪饲彦博的说法。

著者对篇文内容进行了校改。如《牧民》第一段国颂，"野芜旷则民乃菅"中，将"菅"字改为"荒"字。"不璋两原则刑乃繁"，将"璋"改为"障"字。作者改字过多，有些字不改，亦可以通。在对注文进行解释的时候，重视前后文义的呼应，重视文章的内部逻辑。

第五节 《诸子百家丛书》本《管子》

诸子百家丛书本《管子》，房玄龄注，刘绩增注，上海古籍出版社 1989 年 9 月影印浙江书局本《管子》出版。

本书首为《出版说明》，说明诸子百家丛书出版的主旨、包含的典籍、所用底本。次为《目录》，包含赵用贤《管子书序》、刘向《管子序》、《管子凡例》、《管子文评》、《管子目录》，以上诸条，与明刻赵用贤本《管子》同。

本书在《出版说明》中说：

> 先秦两汉魏晋的“诸子百家”之书，是中华传统学术思想的一个源头，各家所表达的思想理论，对后世影响极为深远。其中不少著作，又被公认是优秀的散文作品，千百年传颂不绝。现为满足广大读者的需要，特选二十种，即：一、《老子》（魏王弼注，唐陆德明音义）；二、《庄子》（晋郭象注、唐陆德明音义）；三、《管子》（唐房玄龄注，明刘绩增注）；四、《列子》（晋张湛注，唐殷敬顺释文）；五、《墨子》（清毕沅校）；六、《荀子》（唐杨倞注，清卢文弨、谢墉校）；七、《尸子》（清汪继培辑）；八、《孙子》（宋吉天保集十家注，郑友贤撰十家遗注说，清孙星衍等校）；九、《孔子集语》（清孙星衍纂辑）；十、《晏子春秋》（清孙星衍校并撰音义、黄以周撰校勘记）；十一、《吕氏春秋》（汉高诱注，清毕沅校）；十二、《贾谊新书》（清卢文弨校）；十三、《春秋繁露》（清赵曦明等据卢文弨校本等重校）；十四、《扬子法言》（晋李轨注，宋阙名音义）；十五、《文子缵义》（元杜道坚缵义）；十六、《商君书》（清严万里校）；十七、《韩非子》（宋阙名注，清顾广圻识误）；十八、《淮南子》（汉高诱注，清庄逵吉校）；十九、《文中子中说》（宋王逸注）；二十、《山海经》（晋郭璞传，清毕沅校），以校刻精善的浙江书局本为底本，正文加上断句，分册影印出版，以便选读。上海古籍出版社，一九八八年十二月。

此本以浙江书局光绪二年刊印的赵用贤本《管子》为底本进行影印。目录为上海古籍出版社所加，影印本在浙江书局本基础上，增加了标点，影印的典籍加上了页码。在书眉标卷数、篇目，便于查找，颇便于阅读。

第六节　李勉《管子今注今译》

《管子今注今译》，李勉注译，台湾商务印书馆 1990 年出版第 1 版，2013 年出版第 2 版。

此书首先是马英九以“永恒的经典，智慧的泉源”为标题所作序，说明“中国传统经典是民族智慧与经验的结晶”。其次是杨渡以“在时间的长河中”为标题所作序。其次为台湾商务印书馆董事长王学哲序，说明作《古籍今注今译》的原因。其次为王云五《编纂古籍今注今译序》，其次为谷凤翔《古籍今注今译序》，其次为陈奇禄《古籍今注今译续序》，其次为《例言》，是对《管子今注今译》的例言，其次为李勉《管子其人及其书》，其次为李勉《管仲学术思想及其才智评估》，其次为《目次》，其次为《管子》篇文。

王云五在《编纂古籍今注今译序》中，阐明了古籍今译的价值，主要内容如下：

> 古籍今注今译，由余历经尝试，认为有其必要……特举述其要旨。
>
> 由于语言文字习俗之演变，古代文字原为通俗者，在今日颇多不可解。以故，读古书者，尤以在具有数千年文化之我国中，往往苦其文义之难通。余为协助现代青年对古书之阅读，在距今四十余年前，曾为商务印书馆创编学生国学丛书数十种，其凡例如左：
>
> 一、中学以上国文功课，重在课外阅读，自力攻求；教师则为之指导焉耳。惟重篇巨帙，释解纷繁，得失互见，将使学生披沙而得金，贯散以成统，殊非时力所许；是有需乎经过整理之书篇矣。本馆鉴此，遂有《学生国学丛书》之辑。
>
> 一、本丛书所收，均重要著作，略举大凡：经部如《诗》《礼》《春秋》；史部如《史》《汉》《五代》；子部如《庄》《孟》《荀》《韩》，并皆列入；文辞则上溯汉魏，下迄五代；诗歌则陶、谢、李、杜，均有单本；词则多采五代、两宋；曲则撷取元、明大家；传奇、小说，亦选其英。
>
> 一、诸书选辑各篇，以足以表见其书、其作家之思想精神、文学技术者为准；其无关宏旨者，概从删削。所选之篇类不省节，以免割裂之病。
>
> 一、诸书均为分段落，作句读，以便省览。
>
> 一、诸书均有注释；古籍异释纷如，即采其较长者。
>
> 一、诸书较为罕见之字，均注音切，并附注音字母，以便讽诵。
>
> 一、诸书卷首，均有新序，述作者生平、本书概要。凡所以示学生研

究门径者，不厌其详。

然而此一丛书，仅各选辑全书之若干片段，犹之尝其一脔，而未窥全豹。及1964年，余谢政后重主该馆，适编译馆有今注资治通鉴之编纂，甫出版三册，以经费及流通两方面，均有借助于出版家之必要，商之于余，以其系就全书详注，足以弥补余四十年前编纂学生国学丛书之阙，遂予接受；甫岁余，而全书十有五册，千余万言，已全部问世矣。

余又以今注资治通鉴，虽较学生国学丛书已进一步，然因若干古籍，文义晦涩，今注以外，能有今译，则相互为用，今注可明个别意义，今译更有助于通达大体，宁非更进一步欤？

几经考虑，乃于五十六年秋决定为商务印书馆编纂经部今注今译第一集十种，其凡例如左：

一、经部今注今译第一集，暂定十种，如左。

（一）诗经、（二）尚书、（三）周易、（四）周礼、（五）礼记、（六）春秋左氏传、（七）大学、（八）中庸、（九）论语、（十）孟子

二、今注仿资治通鉴今注体例，除对单字词语详加注释外，地名必注今名，年份兼注公元；衣冠文物莫不详释，必要时并附古今比较地图与衣冠文物图案。

三、全书白文约五十万言，今注假定占白文百分之七十，今译等于白文百分之一百三十，合计白文连注译约为一百五十余万言……

《例言》中，对本书的写作主旨、写作方法做了说明：

一、本书对于单字及词语之艰涩者均详予注释，艰涩之字标以国语注音，地名必注今古，年份兼注公元。注后，以白话全文翻译。

二、《管子》多误字、脱字、别字、怪字、古字、衍字；且多脱句、衍句；又有古注误入正文，正文误入注解者；并有他篇之句混入此篇，此篇之句混入他篇者；章句复多先后失序者，今皆分别订正于注释及考评中。

三、注译之前，每篇皆冠以题解及考评。题解者，解其题意及申论

全文大旨；考评者，考此文之真伪得失及其他问题。

四、古注舛误极多，疑俗儒所注，兹参证群书，深入研究，予以改进补注，多方辨正。

五、《管子》一书，浑涵万有，瑰奇闳博，因时代渺远，后人多有附益，其附益者，仍有明见，不可鄙视，于题解中说明。

六、为使读者加深了解，特撰《管子其人及其书》与《管仲学术思想及其才智评估》二文冠于书首，读者宜先读此文，然后揣摩全书。

七、《管子今注今译》计九十三万余字，题解、考评及注释均用浅近文言文，今译则用白话文，如此，已达九十三万余字，若题解、考评及注释皆用白话文，则全书字数大增，必达百余万字，殊失简约之旨，故全书题解、考评及注释皆用浅近文言文，不得已也。

李勉在《管子其人及其书》中，对《管子》与管仲进行考察。“管子其人”主要内容如下：

据《齐语》韦昭注：“周，管子之先也。”周姓姬，故又曰：“管夷吾，姬姓之后。”是则管仲盖周文王第三子管叔鲜之后裔，以国为氏者。管叔鲜并非姓管，封于管，故称管叔耳，实则姓姬（按管即今河南省郑县治）。《括地志》：“郑州管城县，今州外城，即管国城。”管仲名夷吾，字仲，谥敬，后世亦称敬仲。约生于周平王末年至周桓王初年间（西元前七一九年左右）。《史记》谓管仲为颍上人，颍上即今安徽省颍上县；但《说苑·尊贤篇》谓：“管仲，故城阴之狗盗也，天下之庸夫也。”梁玉绳《史记志疑》谓：“成阴即高密。”与颍上异。据此，管仲恐先后栖于二地。《尊贤篇》谓管仲为狗盗庸夫，疑后世谣诼之言，读《大匡》《中匡》《小匡》诸篇自明，若非谣诼之言，其或少年顽劣，长而迁善耶？

古有所谓“帝王之制”“王者之制”“霸者之制”：帝王之制，无为而无不为，管仲“与之为取”，与之，无取也，无取而无不取，此“无为而无不为”，帝者之制也；王者之制，为之而无以为，管仲令顺民心，民之所欲，因而予之，民之所否，因而去之，此“为之而无以为”，王者之制也。然而顽劣之民，无以为，不足以正之，故又济之以霸者之制。霸者之制，为之而有以为也，管仲重法令，寓兵于政，顽劣者诛杀无赦，有功者重赏不欺，此霸者之制也。后世习于儒墨者不悟其道，竟以管仲之兵刑功赏比之于商鞅；大夫商鞅惨酷寡恩，乌得与管仲比哉？

“管子之书”的主要内容是：

《管子》书经刘向校定，去其重复，共剩八十六篇。《四库全书》亦录八十六篇，列入法家，即刘向所删定者。其中十一篇有目无文，严可均《铁桥漫稿》谓“梁隋时已亡十篇，宋时又亡《王言篇》”。据此，宋后仅剩七十五篇，近世学者以《史记·封禅书》有“管子曰”三字，其所载管子之言，当为《管子》佚文，而《管子》书中适缺《封禅篇》，则《史记·封禅书》中“管子曰”一段当为《管子》佚文无疑矣，取此佚文移补《管子》，《管子》即仅有十篇之佚文矣。晁公武《郡斋读书志》谓“《管子》今亡十篇”，即依据于此。实则十篇佚文非尽皆亡佚，多半混合于各篇之中，《牧民解》混入《牧民篇》及《权修篇》中即其一例。《宙合》及《心术上篇》前列经文，后列解语，混为一篇，此又一例。《乘马篇》《心术下篇》《九守篇》《正篇》，皆经解夹列，此又一例。《问乘马篇》文缺，但《臣乘马篇》首有“问乘马”三字，后半篇多言乘马之数，则《问乘马》或即《臣乘马篇》，问臣二字音近，故以误混。且臣乘马不切于义，篇中不言及臣字，更知臣乘马为问乘马之误矣。据此，《问乘马篇》不亡，混为《臣乘马》也，此又一例矣。（《乘马数》及《乘马》二篇中，亦有《问乘马》文句散落在内）又《权修篇》亦缺。但《小称篇》前半篇多言修身之事，与小称无关，足见《修身篇》未亡，系误混于《小称篇》中。又《轻重丙》及《轻重庚》皆缺，已混入其他《轻重篇》中。又《问霸篇》缺，而《霸形篇》有桓公问霸之心，管仲知其心而答之，故《问霸篇》疑混入《霸形篇》中。又《言昭篇》缺，系混入《七法篇》中，《七法篇》首句“言是而不能立”，以下连言“不明于为兵之数……不明于胜敌国之理……不明正天下之分……不明于则……不明于象……不明于法……不明于化……不明于决塞……不明于心术……不明于计数”，皆言明，昭，明也，言昭即言明也。其他混列于一文者尚有数篇，已分别论述于各该篇题解中，若各自篇中析出解文，则亡佚之篇不达十篇之多。

管书内容庞杂，其书非一人所作，亦非一时代之书，由后人掇拾下列著作而成：（一）管子门弟子或宾客或子孙闻知其事或亲见其事所记述而成。（二）战国时游说或言谈之士依据传闻而记述以成。（三）战国时或秦时好事者伪造管仲行事以托己意而讽当世君臣而成；此类文字，往往时代不符，为后世所识破。（四）战国时稷下游谈之士及韩非、李斯之辈欲张己说为之记述，而借名管仲所作而成。（五）古人读《管子》曾予注解，后世不明，以为《管子》原文，遂混编而成《管子》书（其注解之文即书中杂记）。实则《管子》一书，其为管仲手笔极少，余皆后人追记或伪托，追记者，距事实不远，伪托者，则多出于臆测或假设。以事实言：管仲卒于齐桓公前，不知桓公之谥。《小问篇》称秦穆公相百里奚，此事亦在管仲已死之后。《小称篇》称毛嫱西施为天下美人，毛嫱、西施为春秋末人，管仲则春秋初年人，以时计之，管仲不及见。

李勉在《管仲学术思想及其才智评估》中，对管仲的学术思想进行评价，认为：“《管子》书有道家之言、有法家之言、有墨家之言、有名家之言、有兵家之言、有阴阳家之言、有理财家之言、有政治家之言、有农家之言、有医家之言，系庞杂之书，而非一人之作，亦非一时之作。其书虽非管仲自为，然多根据有关管仲之传说而作，其传说或由管仲之宾客，或由其左右，或由其子孙，或由其一民，或直接根据当时管仲自己之言论思想而为之追述，所传者虽未必全真，但亦未必全假。《论语》亦非孔子亲笔，其思想言论亦为后学为之追记，与管书同一情形。所谓思想言论，乃指学术思想与言论，管仲学术思想所以如此庞杂，盖管仲居众宰之尊，统御全国，兼而霸王天下，不能不有各类思想以成其治，亦不能不有各类宾客以博其思想。”在“管仲之才智”中，认为“管仲以才智超群，使海滨荒漠之齐，一跃而强于诸侯，观其才智，历代名相无以过之，孔明亦自叹不如也，管仲不但长于政治、军事、外交，更长于经济、教育，故主政数十年，卒使齐民知礼义，足衣食，强于诸侯，一匡天下”。

李勉在对《管子》今注今译的时候，将《管子》原篇段落中的标题移置到每一节的开头，并对小标题的内涵进行解释。然后列出篇文，全文之后，是“题解及考评”。对《管子》每篇的篇目含义进行解释，对篇文内容进行分析，对篇章的内在结构做出论证。之后是“今注”，对篇章文字进行注释，注意参考其他篇文内容来解释本篇，亦参照先秦两汉其他典籍、唐宋类书、字书、明清乾嘉学派的研究，对篇文进行解释。之后是“今译”，今译语言是典雅的白话文。

第七节　赵守正《白话管子》

赵守正译注《白话管子》，岳麓书社 1993 年 9 月出版，属于古典名著今译读本。

此本首为《前言》，其次为《目录》，其次为《白话管子》篇文。

在《前言》部分，著者说明本书的写作主旨。说明此书是著者在《管子注译》与《管子通解》的基础上，逐篇作了体例上与文字上的修改而完成的。认为《管子》是依托春秋时期管仲之名成书的。管仲是我国古代著名的政治家、军事家、经济思想家。孔子曾赞誉管仲辅佐齐桓公“九合诸侯，一匡天下”（参见《论语·宪问》），可见他在古代中国有着深远的影响。战国时代，主要是齐国稷下学宫的学者，追述管仲的言行，发展管仲的学说，同时也打着管仲的旗号阐述自己的主张，由是而成《管子》。迨至秦汉，又有作品掺入（如书中的《轻重》诸篇即为汉代作品）。所以，《管子》非一人一时之作，它是兼有战国、秦、汉文字的一部文章汇集。这部书虽不是出自管仲之手，但也是传述管仲、研究管仲的重要文献。现在流传的《管子》，是经过西汉刘向整理编成的。

《白话管子》的目次即依此排列，不改变原书布局。这部《白话管子》，除了《幼官》《幼官图》二篇因体裁特殊未被收进，其余皆依段进行了全文今译。

《白话管子》的各篇包括以下五个部分：

一、题目及题下附言：本书篇名皆按原题标列，不作今译。题下附言才是对篇名及篇名取义的解释。

二、白话译文：这是本书的主要部分。

三、附注：凡白话译文反映原文之较难语句，一般都加附注。附注的目的在于说明白话译文的形成和根据。唯限于篇幅，注文尚嫌过简。读者欲进一步研究，可阅读拙著《管子注译》《管子通解》及其他参考文献。

四、《管子》原文：《管子》一书版本繁多，本书所选用之底本为《四部丛刊》本。

五、校勘记：即对原文中衍、误、脱、窜之处所作的校勘改正。这主要是根据《管子》的古今各种版本及古今各家的校释完成的，对各家所见未及之处，我也作了少量校勘。但总的来说，改字力求其少，以无伤古籍原貌。

《白话管子》中，前半部分是翻译的白话《管子》，后半部分是《管子》原文。在翻译《管子》时，首先列出篇名（篇名没有翻译成白话），其次是白话的正文。在翻译的白话《管子》篇文之后，有“附注”，对正文内容和含义加以解释，对文字有校订。从第 393 页开始，收录的是《管子》原文，原注曰：“原文中之衍文、错简，皆用小字、括号标明。”在每篇原文之后，均有“校勘记”，对原文校勘的文字在篇后予以注明，并说明改字的原因。著者是在《管子》原文上直接改字，在改的字后面加上阿拉伯数字，在篇后“校勘记”中说明对应原文作何字，参考改字的依据是什么。主要参考文献是郭沫若《管子集校》。

第八节　颜昌峣《管子校释》

颜昌峣著《管子校释》于民国十三年（1924）完成，1996 年由岳麓书社刊印。此处根据《管子校释》的成书时间，排在此处。

此书首为《自序》，次《例言》，次《叙录》，次《先父颜昌峣先生事略》，次正文二十四卷，次《管子校释跋》，次《罗焌先生题赠二首》，次《整理后记》，最后为《补记》。

颜昌峣《自序》云：

予尝爱管子之书多精言，而可施之于治道，其文辞粲然可观。信乎！伊尹周公而后，卓然为吾国政治一大家，当时鲁施伯称为天下之大圣，不诬也。顾其书，多窜乱，又不出于一人之手，盖为其学者后先辑录，若齐、鲁《论语》杂出于七十子之徒之所纂集。然《史记正义》引《七略》载《管子》十八篇在法家，而班固作《汉志》，乃云八十六篇，刘向《叙录》亦言定著八十六篇，与今篇数合，岂《七略》所载别自为书与今异耶？太史公读管氏《牧民》《山高》《乘马》《轻重》《九府》曰："详哉其言之也！其书世多有之，是以不论。"及刘向《叙录》乃云《九府》书民间无有。然则管书在汉时已多散失，今其存者，半出后人增益附会之辞，要其弘规奥旨，有非他家著述所得而有者，决其为管氏一家之学无疑也。其书之似儒、道、名、法、兵、农、纵横之术者勿论已。若其经国远谟，微言大义伊、周之所未闻，后贤之所沾溉。其精神气烈，直注二千六百数十年，与今西欧学者数十百辈之所研讨奋发而仅得之者，后先相视，若符契然。夫其叁国伍鄙，均地分民之制，则地方自治之规模也；内政军令，则寓兵于乡之微权也；事先大功，政自小始，《问》篇所记，则民事统计之纲领也；啧室之议，议院之先驱也；明君顺人心，安情性而发于众心之所聚，则服从民意之精义也；国之所以为国者，民体以为国，先王善与民为一体。与民为一体，则是以国保国，以民保民也。此则国民主义之真诠也。朝有经臣，国有经俗，民有经产，是故仓廪实则知礼节，衣食足则知荣辱，此子舆氏政论之所本也。仁从中出，义由外作，此告子之说所由来也。贤人之行其身也，忘其有名也，王主之行其道也，忘其成功也，则董子《正谊》不谋利、明道不计功之说所自出也。官山海，发伏利，则顾亭林氏所谓一税之后，不问所之，国与民两利之道也。市扩国轨，平准通移，则调济贫富，杜绝蓄贾，近世国家社会主义之措施也。《权修篇》云："野与市争民，家与府争货，金与粟争贵，乡与朝争治。"故野不积草,农事先也。府不积货,藏于民也。市不成肆,家用足也。朝不合众,乡分治也。此数言者,管子蕲响之治象,而今西欧各国竭力以赴之者。嗟乎!管子,天下才也岂不然欤!岂不然欤!予以暇日汇集诸家考证之说,是正文字,诠释其义理,并加句读以便初学,为《管子校释》一书,非敢自谓于管氏有所发明,要亦集近代校订之大成,于读者不无裨助。其所未喻,不复强解,庶期明达董而正之。民国十三年岁次甲子双十节,湘乡颜昌峣谨序①

《例言》内容如下:

常熟瞿氏铁琴铜剑楼藏宋甲申秋杨忱序刻本,首杨忱序,次总目,次刘向进书序,后接《管子》卷第一,题唐司空房玄龄注,又列卷一之目,后接本文,以后每卷同,凡二十四卷。末附张巨山《读管子》一篇,无年月。又黄丕烈记得书本末一篇,后题嘉庆丙寅立冬后一日士礼居重装并记,又戴望戊辰正月从瞿氏假得此本,与海宁唐端甫、常熟张纯卿同校一过,于赵刻本上题记。予家旧藏光绪五年景宋本,即景此本也。卷末增附瞿氏书目跋语(举其异于赵本而可资订正者若干条。末云:按王氏、孙氏、洪氏、宋氏所云,宋本皆影抄绍兴壬申瞿源蔡潜道刻本。影抄亦有讹舛,与此本间有不合处,故所举与《读书杂志》《管子义证》《管子识误》三书亦不尽同,冀附诸家所记后以供好古者参证之助云),殆瞿氏所印行也。兹编以是本为主。

坊间通行明赵用贤刻本,据其《凡例》言:"按宋本更正比次,无下数千百处。"今以与此本相校,诚有如瞿氏书目所云,有宋本不讹,赵氏臆为改正而实讹者,故知校古书之难,未可轻为改易也。予此编一依景宋本抄写,校正错误,均列入小注,不敢更易正文,惩赵氏之失而存宋本之真,读者鉴诸。

旧题房玄龄注,考之唐志,实尹知章注。尹氏作注时,已据讹误之

① 今按:《自序》在1932年的《船山学报》第一期已经刊登,原文作《管子校释序》。

本,不知订正,往往望文生训,失其句读,抵牾纰缪,触处皆是,兹不一一征引,以省繁文。其可采者,仍注尹云以别之,或藉尹注以知正文之脱误,则称尹注云云以明之。

高邮王氏念孙《读书杂志》校《管子》十二卷,系据赵用贤本博考诸书,为之订正。其长子引之之说亦附焉,并载刘氏绩《补注》及孙氏星衍、洪氏颐煊之说。兹采王氏各条入注,则称王云,伯申之说则称小王云,孙、洪二家之说,则据《洪氏义证》本采入。

德清俞氏樾《诸子平议》校《管子》六卷全采入,称俞云。

德清戴氏望《管子校正》二十四卷,取宋本(据瞿氏所藏宋本卷末有戴望假得校过题记,疑戴书所谓宋本,即此本矣。然戴书所记宋本异同,又与此本不合,则系别一宋本也,今不可考矣)、朱东光本(即中都四子本)、宋蔡潜道本、元刻本、中立本以校赵本,采王氏父子说,丁氏士涵、陈氏奂、张氏文虎、吴氏翌凤、宋氏翔凤、顾氏广圻、段氏玉裁、俞氏正燮诸家说,及俞氏《平议》说,并引日本安井衡纂诂本,有安井衡说、猪饲彦博说。今悉取以散入注文,仍各冠姓氏于首。但诸家之说有未安者,管蠡所及,随加辨正,则著案字以别之。

瑞安孙氏诒让《札迻》校管五十条,悉采入。

明花斋本《管子评注》及近人刘师培(《国粹学报》刊有《札记》一卷)、章炳麟(有《管子剩义》一卷)、梁启超(《中国六大政治家》内《管子》一卷)各说,亦有选录。

吾湘治管书者,近亦多有。如同邑曾文正公国藩《求阙斋读书录》校《管》数十条,率精善,皆录入。又湘阴畏友郭氏大痴素观本著,批注颇多,并录其先德养知先生(嵩焘)《读管笔记》于书眉,几全采用,称郭云、小郭云以别之。长沙黄氏巩有《管子编注》六卷,多所删节移改。友人罗氏焌,间有善言,均择尤入注。及门谭甥戒甫方在武汉授诸子学,亦纂有《管子斠注》一书,云未脱稿,俟后增入(戒甫谨案:十年来违难在外,旧业几毁。而息师音容遽邈,弥增惭怍。兹乘遗著写定之便,略具一得之愚,随文移录)。

郭大痴《叙录》内容如下：

管子书自司马迁作列传，刘向叙别录，并定著为道家言。班固要删刘歆《七略》备汉艺文，发目类合黄老，无异说也。隋书识经籍，独出而入之法。张守节传七略亦云党阮孝绪七录之误欤。其书论治要，主因循，所谓缘地利、承天指、顺人心，而反民性，反复惟发，不离其宗，而开章明义，务张四维，雅同儒术。至说桓公侈靡为国，此视晏子以当年莫殚，累世莫究，刺讥孔氏者又何以殊焉！夫孔子问礼老聃，而庄生喜摭阙里遗闻以自矜重，儒道条流，非甚悬绝也。然而各名其家，儒任先，道任后，所从由者固异。司马谈《论旨要》，盖详乎言之。孝绪承魏晋清言余习，专以居简行俭名道，疑莫能明，下意变易旧次，斯抑宜矣。

今详管子自明任法为治，大抵严绳官吏尔。故曰："君生法，大夫守法，民法于法。"法盖生于因循。彼大夫僭夺其因而失所守，民迷谬其循而失所法，道固且为天下裂也。当势积重极变之终穷，利用其几，法乃以生，变起微末，持道于未隐，潜消患气，法乃得守，道之自神其翕张如是焉尔！凡甚辞推大，信赏必罚，皆明末流蔽，短有必至，岂用天下于裂之本术然哉？暨乎全国于道，且婴视四邻，诡弄诸股掌，时颇类近纵横，则尤深于用机者焉。唐宋后仍袭阮录，靡或发正，盖古诸子术业湮晦久矣。苏辙、叶适并极论管书兴于战国，朱子亦云例推黄帝、伊尹、太公，殆莫不类然。战国处士虽多横议，顾好深湛之思，尚友古人，自张私说，非托古自诡，援古自坚其术而已。是故为《管子》书者，缘不死子纠于难，讫力匡天下，于是上功下死之说生焉。缘敚伯氏邑三百，没齿不怨，而易牙寺人貂并与同列。害不及国，讫称桓公垂死于乱，于是《明法》桹狗之说生焉。缘三归官事不摄，于是侈靡之说生焉。缘继绝，存三亡国，于是视人国如吾国之说生焉。缘纠合诸侯不以兵车，正而不谲，于是张四维之说生焉。根据本事内求信言之由立，不同妄作。班书叙《艺文》兼详有列传事，靡足证发其言无当知人论世之大，此观言者宜所致审也。吕不韦、淮南王剽略道说，托大自吒，仅得退次子杂征吕、刘事行无一类道，足明其说非根心以生，斯其术决非深造自得，足备可观之列，尤立言之宜加详者已。管书于事行既验合迹像所旁通,复本其善因祸为福,转败为功,虽正于命矢下而实恚用其齐。推见至隐,发明归趣于《白心》《心术》。使未有见天地之纯,奚识微论精默与夷吾有契若是深者?特辞苦艰蹇难读,寄意至远,每虚构鄙事,张设浅薄,言为况谓之辞,颇可吒笑。时亦自以谊奥衍,恐未尽晓白,多傍本辞,专篇作解,比诸韩非之传,墨经之说,转类孔子《十翼》附《易》以行,复近接齐桓之殁,远擘阔不相闻之先施,苟本指足可证发,悉比属而沟合之,尤不免为浅见寡闻者所疑。然闳识博闻如迁、向之伦,咸未加讥非,岂其悬解有昧裁择,不能无俟后贤追发兹覆耶?刘向参校中外书,省除复重,或辞意错互,不尽无出入,未敢过有偏废。今管书所发,一曰云者,向兼众本为两行之说也。读人失审,以为本书定著之始,取广异闻,观他事辞两差舛分篇散见者,颇有所谓广异,殆其是欤!至一篇之中骈出赘附,疑难援比,刘校为众本所祖,已不胜迷惑,况重以宋明传刻窜变,欲复睹见其真,难之难哉!魏晋宗尚庄列,堑画管书同诸出分,故绝无笺说。唐艺文存尹知章注目,而世传房玄龄注以注《管》特名,晁公武取证杜佑指要叙以谓浅陋,恐非房注,或曰尹知章也。自弟录指要,仅散附通典,存其一二,复不该备,学人讫病文句罕可求通。明赵用贤继接刘绩,依据宋本定校,号为精审,犹时沿讹,未及是正,又特著录宋张嵲后跋所谓宋本,党巨山绍兴已未写本耶?巨山自言改正讹谬,则窜意变旧,恐滋蔽失,然明于文字通假,亦允为善通古读者。《四库目》推用贤本,在近代犹善。刘绩补注,循文衍义,未足相代。绩补注虽未经见,而用贤推服为多所发明,刺取杂所自发正,列诸简端,冠按以别之,微惜其不载宋本,是特祛抉旧注违失而已。用贤盖依绩注例以通其义,依巨山读例以正其文,兼于本书舛牾,深致慎焉,所得疑独多也。今代黄丕烈得宋杨忱本矜炫其右,赵本误失,每赖以纠,然讹夺失次,不胜可摘,字体尤诡变乖正,未为尽善。王念孙博考群书,稽核用贤本,备采孙星衍记录宋本异文,用相补除。并时洪颐煊与共商榷,又别成义证,其业益显。自是以来,治管书者未少衰歇,得失差出,说亦日歧。通详众本,张刻专辄,杨刻芜累,同出宋世,精善实稀。星衍所藏,无从覆按,较量二刻,未审孰优？今之所行杨本，沿谬尚丁宋先，传写失正，终为近古，此可据为主本者也。赵本择善，宜从节取，庶资匡益，亦杜僭妄，参而存焉可也。诸家校引，非目及睹，虽过废之，奚关大要？杂识主赵定校，比验用贤本例，推举绩说，或牵率用贤本未加按别之辞，亦混同为一，别标刘本，而文句竟复同赵，于所本主，犹尚疏阔，他诸泛及，奚云足征？详慎如念孙无征若此，况在余子，抑奚能信？窃以诸舍杨赵二刻，别诩创获，皆未敢过取也。湘乡颜君息盦既依杨忱定写，乃从比决异同之说。审验义类之归，可谓能集大成者矣。而微意所存，在推管书空言而致之世用，沛乎胥给，斯尤为能规其大也。弟录为《管子校释》既竟，举授大痴，俾得与校字之列。往者先养知先生读管，取湖北崇文局本为之评点，圈规其植谊之情，点规其得事之要，颇加按语，为明术业消息之微，治乱升降之大，于颜君微意，多有发焉。其后重记注王氏杂识，俞氏平议于简上下，亦时续加按语，辄自察名别于王、俞二录，多详文句偏傍之离合，亦足参伍校释也。尽随文笺附，上赞盛业。大痴鄙见，偶有窥测，复效刍尧之献，备裁择，因综揭管书大纲曲目之全，悬待质正焉。於乎！管书者，传夷吾之精意者也。意精微而难识，于是有益言、有损言，假诸物以为之揭著直寓焉尔。庄生所为糟魄视之，而戒毋传其溢辞，谓此类也。朱子、叶适诸儒先，各疏别管书僻谬，戒溢辞之传而已。传其溢，无以见道之絜静，校释乃注记近今负海政俗景状，夷吾所为治于中国，殆均糟魄视焉。而夷吾之精，固未始不于此乎是寄。不言糟魄，无以得精所自挹，即无以究道之博通，意自于宋儒先互相发也。敢敬告颜氏校释者，循以会心管书之微，无负先生谆谆之雅焉。彼哇哇东郭者，倘亦收声息喙，不为争噬哉！乙丑秋七月朔，湘阴郭大痴叙录①

在《管子》正文之后，李肖聃《管子校释跋》云：

管氏书据《史记正义》引《七略》，固列法家。班氏志《艺文》改入道

① 今按：郭大痴的《叙录》，在民国年间刊于《船山学报》第五期，题作《管子校释叙录》湘阴郭大痴（遗稿）。郭大痴《管子校释叙录》在《学衡》第49期亦有刊登。

家,《隋书·经籍志》仍录于法。今考其《内业》《弟子职》,纯乎儒言;《明法》《法禁》《重令》则本于法;《白心》《心术》原出乎道;而《七法》《霸言》诸篇,又旁及于兵。盖英霸之略,贯通众流,雄思郁于海上,运量弥夫宙合,非一术所能赅也。前世注《管》,自尹知章、刘绩、张嵲、赵用贤稍有疏明,清王念孙、洪颐煊、戴望、俞樾、孙诒让,下逮章炳麟、梁启超,咸能挥阐厥谊,而湘阴郭侍郎嵩焘《读管札记》,证发尤多。息盦先生综核群家,撰为校释,期于章劲齐之盛业,发敬仲之深谋,间益新知,冀施有政。书成以质吾友罗焌庶丹,及侍郎仲子焯莹子燮。庶丹语余:颜髯老而好学,沈思绝伦。子燮则称其审检谊类,能规其大。先生因取是稿写成藏家,今十年矣。予读《管子》,最录先生所注,玮词环指,粗得理明,因劝先生刊行此书,附二郭父子校语简首,备学者广观而得焉。昔子燮深讥王氏苛定条例,强绳古书,事邻媾轧。予寻子燮按词,颇好言文字省、假,心所未浃,于先说亦不曲循,文既颇涉艰深,字复破碎,至不可辨,览者不能无恨也。而先生所释则语意显明,时俗易晓,厥谊未憭,宁阙弗详,盖其治学之慎如此。至先生行业,别详予所制《珍涟文集叙》中,今不复述云。李肖聃跋

颜昌峣《管子校释》在《管子》篇文中每句下有解释,首先解释句子的含义,其次解释文字之含义,主要参考尹知章注本、杨忱本、赵用贤本等诸多典籍,引用诸多古书以解释《管子》。颜昌峣(1868—1944),又名息庵,号可铸。湖南涟源人。1927 年后,先后担任武昌中山大学、湖南大学教授。1944 年病逝。

第九节　汤孝纯《新译管子读本》

《新译管子读本》,汤孝纯注译,李振兴校阅。台湾三民书局印行,1995 年 7 月出版第 1 版,2006 年 3 月出版第 2 版。此本据 2006 年版。

此书首先为刘振强撰《刊印古籍今注新译丛书缘起》,其次为汤孝纯《导读》,其次为《新译管子读本目次》,其次为《管子》篇文。

在《刊印古籍今注新译丛书缘起》中，认为古籍之所以要新译，是因为人类历史发展，每至偏执一端、往而不返的关头，总有一股新兴的反本运动继起，要求回顾过往的源头，从中汲取新生的创造力量。孔子所谓的述而不作、温故知新，以及西方文艺复兴所强调的再生精神，都体现了创造源头这股日新不竭的力量。古典之所以重要，古籍之所以不可不读，正是从这层寻本与启示的意义上而言的。关于现代世界倡言读古书，并不是迷信传统，更不是固步自封；而是愈懂得聆听来自根源的声音，我们就愈懂得如何向历史追问，也就愈能够清醒面对当世的苦厄。刊印的原则是“兼取诸家，直注明解”。一方面熔铸众说，择善而从；另一方面也力求明白可喻，达到学术普及化的要求。

在汤孝纯的《导读》部分，作者对管仲的生平事迹及《管子》的流传做出考察：

> 管仲，名夷吾，字仲，又字敬仲，齐桓公尊为仲父，颍上（今安徽颍上县）人。约生于公元前七二五年，卒于公元前六四五年。这正是礼崩乐坏、列国纷争的春秋时代。张守节《史记正义》引韦昭注说，管仲出身于贵族家庭，是“姬姓之后”，其父管庄（或称管严），虽曾做过齐国的大夫，但家道早已衰微，因而青年时代的管仲，便生活在贫困之中。他当过商人，任过小吏，为人做过谋士，也曾上过战场，后来辅佐公子纠，但都很不得志。幸而他的朋友鲍叔牙十分了解他，使他深受感动。他说：“吾始困时，尝与鲍叔贾，分财利多自与，鲍叔不以我为贪，知我贫也。吾尝为鲍叔谋事而更穷困，鲍叔不以我为愚，知时有利不利也。吾尝三仕三见逐于君，鲍叔不以我为不肖，知我不遭时也。吾尝三战三走，鲍叔不以我为怯，知我有老母也。公子纠败，召忽死之，吾幽囚受辱，鲍叔不以我为无耻，知我不羞小节而耻功名不显于天下也。生我者父母，知我者鲍子也。”（《史记·管晏列传》）
>
> 管仲逝世之后，流传着一部《管子》，韩非、贾谊、晁错、司马迁等人都曾详细研读。司马迁就说过：“吾读管氏《牧民》《山高》《乘马》《轻重》《九府》”，“详哉其言之也。”（《管晏列传》）这时的《管子》不但“世

多有之”，而且已有多种版本。汉成帝时，光禄大夫刘向整理《管子》，在其《校录序》中说：“所校雠中《管子》书三百八十九篇，太中大夫卜圭书二十七篇，臣富参书四十一篇，射声校尉立书十一篇，太史书九十六篇，凡中外书五百六十四，以校，除复重四百八十四篇（原按：当为四百八十七篇），定著八十六篇，杀青而书可缮写也。”刘向整理后的《管子》，《汉书·艺文志》著录八十六篇，《隋书·经籍志》著录十九卷，《旧唐书·经籍志》著录十八卷，《新唐书·艺文志》著录十九卷，《宋史·艺文志》著录二十四卷。今本《管子》，名为八十六篇，但《王言》《谋失》《正言》《言昭》《修身》《问霸》《牧民解》《问乘马》《轻重丙》《轻重庚》等十篇有目无文，实存七十六篇，而且部分章句已经驳杂难辨。由此看来，今本《管子》恐已不是刘向所校编的原貌了。

《管子》一书，基本上趋于一致的看法是：《管子》并非管仲之作，乃是依托管仲之名而成书，而且既非一人之笔，亦非一时之书。

就内容而言，《管子》可谓一部大百科全书式的学术著作。大凡政治思想、经济思想、军事思想、哲学思想、教育思想和自然科学思想等著，无不包容，其中不乏精辟的议论、深邃的见解，对后世有着深远的影响。

若就其思想派系而言，则兼容着道家、法家、儒家、兵家、阴阳家、农家、医家等学派的思想和主张。但细绎起来，却并不同于典型意义上的各家，而是有所交汇、贯通、变化和创造。可以说是博采百家而形成的一种新的思想派系，成为一个以“道”“法”思想为核心的综合体。若命之曰“杂家”，或者“通家”，也许更符合《管子》思想的实际。另一方面，又因为《管子》内容纷繁复杂，且不出一人之手，间有抵牾之处，加之词义古奥，简篇错乱，文字夺误，因而历来号称难读之书。幸自有唐国子博士尹知章为之作注以来，贤者相继或校勘，或诠释，筚路蓝缕，代有开掘。仅郭沫若《管子集校》开列“所据《管子》宋明版本”，有四十二种之多。著者反复引用者，主要有许维遹、闻一多、郭沫若诸前辈之论。启迪甚多的是戴望（篇目、语译、注释均以其《管子校正》作为底本）、石一参、马非百、郭沫若、赵守正的著作。《新译管子读本》分上、下两卷，上卷从第一卷《牧民》第一，到卷十二《侈靡》第三十五为止。从第十三卷到第二十四卷属于下卷。

著者在《管子》篇文部分，首列篇名；其次为“题解”，对篇题做出解释，引用乾嘉学派的研究，做出论断；在“题解”之下，为《管子》原文，按照章节顺序排列，如在第一节“右国颂”下，首为“章旨”，说明本章的主旨。又如在“右四顺”下，有“章旨”云：“此章言治国治民之道，在于不违农时，充实仓廪，倡导四维，注重教化。”其次是“注释”，注释文字详细，引用诸多文献；其次是“语译”，用典雅的白话翻译原文。

本书篇目、原文均用注音字母标注。文字为繁体中文，学术水平较高。说明这种注释全译本在台湾地区也比较受欢迎。

第十节　谢浩范、朱迎平《管子全译》

谢浩范、朱迎平译注《管子全译》，贵州人民出版社 1996 年 6 月出版，属于《中国历代名著全译》丛书。

《中国历代名著全译》丛书编委会成员主要是：王运熙、余冠英、张克（常务）、罗尔纲、程千帆、缪钺。

此书首为《出版说明》，其次为《前言》，其次为《目录》，其次为《管子》篇文内容，最后为《附录》部分。

在《出版说明》中，说明了本丛书的主旨。丛书本着推陈出新、汇聚英华、弘扬传统、振兴华夏之宗旨，化艰深为浅显，熔译注于一炉，既能使广大读者了解我国古代名著的全貌，又有利于中外文化交流。丛书精选我国历代经史子集四部名著 50 种（有个别数种合为一书），以全注全译形式整理出版。

《前言》部分，主要考察了管仲生平、《管子》其书，对《管子》轻重部分进行评说。认为：

在先秦两汉的诸子著述中，《管子》是自成一家、别具特色的一部。

> 它虽然“简篇错乱，文字夺误”，“号称难读”（郭沫若《管子集校叙录》），但又确是“天下之奇文”（张嵲《读管子》）；它虽然丛集诸说，涉及百家，“庞杂重复”（黄震《黄氏日抄》），但又确是包罗宏富的宝库。《管子》堪称中国文化史上的一朵奇葩，今天，抖落掉历史蒙上的灰尘，这朵奇葩正放射出日益夺目的光彩。

作者认为管仲为一代名相，但《管子》一书不是管仲所著。晋代傅玄说：“管仲之书，过半便是后之好事者所加。”（刘恕《通鉴外纪》引）宋代朱熹则确认《管子》“非管仲所著”，并说他不是有闲工夫著书的人，著书者，是不见用之人也（《朱子语类》）。现代更有学者考定战国以前没有私家著作。（罗根泽《诸子考索》）因此，《管子》的全部或一部分，都不可能为管仲所著，这基本上可作为定论。

作者认为《管子》中具体篇章的作者或年代的确定，仍是一个需要深入研究的课题，但从全书整体着眼，这部著作当是一批以齐国为中心的崇尚管仲的治国功业和理想的思想家，也可称之为“管仲学派”的著作汇集。其中少量篇章产生于战国初期，但其主体部分应是战国中、后期稷下学宫兴盛时稷下学者们的作品，也有一部分则晚于秦汉之际，但最迟不会超过西汉中期。

“轻重论”是《管子》经济思想中的独特范畴，它集中体现在全书《轻重》十九篇（今存十六篇）中。“轻重”一词在全书中最基本的含义有两方面：一是对市场供求关系及其对物价影响的认识：“夫物多则贱，寡则贵，散则轻，聚则重”（《国蓄》）；二是指国家利用上述物价规律来牟取厚利：“夫民有余则轻之，故人君敛之以轻；民不足则重之，故人君散之以重。敛积之以轻，散行之以重，故君必有什倍之利，而财之横可得而平也。”（《国蓄》）

作为《中国历代名著全译丛书》之一种，本书旨在为广大读者提供一部全注全译的《管子》读本。本书采用通行的明赵用贤本（上海古籍出版社影印清光绪二年浙江书局刻本）为底本进行标点。原文一律不改字，凡有校改都入注文。注释主要依据历代校释，亦有译注者的意见；校释主要参阅了郭沫若《管子集校》（人民出版社《郭沫若全集》）等，并参考了马非百《管子轻重篇新诠》、中国人民大学《管子经济篇文注释》和赵守正《管子通释》等著述，凡有所据，一概注明。译文尽量采用直译，力求切合原文之意。

目录部分，按照《管子》的分类排序，共列 86 篇，包括佚文 10 篇（有目无书）。

《管子全译》的正文部分，首先是“题解”，对《管子》篇文内容进行解释。在“题解”之下是“原文”，按照章节分段。每一段落之下，有“注释”，“注释”之下是“译文”。在注释的时候，对不常见字标注拼音和同音字。对同义词的微异做出区分解释。注释引用了尹知章的注、乾嘉学派研治《管子》的注释、日本猪饲彦博的注释和今人颜昌峣的注释。对于语句，在解释书面意义的同时，对其比喻义也做出说明。此书引用诸多前人校释内容，得出自己的结论，符合学术规范，是很好的注释和全译本。

全书的最后，是《附录》部分。这一部分首先是汉代刘向的《管子叙录》，其次是宋代张嵲的《读管子》，其次是明代赵用贤的《管子书序》（节录），其次是《四库全书总目提要》的“《管子》二十四卷（子部法家类）”，其次是郭沫若《管子集校叙录》，此节内容省略，言“载《郭沫若全集》历史编第五卷页 3 至页 18，人民出版社 1984 年版”。

第十一节　钟肇鹏、孙开泰、陈升《管子简释》

《管子简释》，钟肇鹏、孙开泰、陈升校释，《齐文化丛书》编辑委员会编，齐鲁书社 1997 年 6 月出版，属于《齐文化丛书》。

此书首先为《前言》，其次为《例言》，其次为《本书引用校释〈管子〉诸书简称表》，共列 34 部典籍和其简称，其次为《目录》，共有 86 篇，包括亡佚的篇目，其次为《管子》篇文。

《前言》主要内容如下：

> 清代二百余年间，朴学盛兴，于古籍之校释整理，贡献良多。其重大成果多集中在经部，于《十三经》大多均有新疏，而正续《皇清经解》聚书四百种，尤为洋洋大观。治经之余，旁及子史。史部如王先谦之

《汉书补注》《后汉书集解》，子部如郭庆藩之《庄子集释》、孙诒让之《墨子间诂》并称佳作。《管子》难读，清代自王念孙父子、孙星衍、洪颐煊而后，凡有二十余家校理《管子》，其中尤以王氏父子发明为多。晚清戴望作《管子校正》，张佩纶著《管子学》。戴氏会集诸家校释，但未形成集解。张书系稿本，用力颇勤，但迄未杀青定稿。近世如闻一多、许维遹诸名家，均致力于《管子》之整理，亦未有成书。五十年代初，郭老于百忙中，发奋董理《管子》，以许、闻稿本为基础，哀集宋明板《管子》十七种，征引历代校释《管子》者数十家，撰成《管子集校》。《集校》征引繁富，可谓集校释《管子》之大成。但《管子集校》是为专家学者研读《管子》而作，既不载《管子》的全文，又分条罗列，引证博杂繁富，除供研究者参考外，不便阅读。《管子简释》是在郭老《集校》的基础上，用宏取精，著为简明扼要的读本，既便一般学者阅读，也可供研究者参考……

今本《管子》是一部稷下丛书，乃汉代刘向所编定。据刘向说他根据的本子是：

一、中秘本三百八十九篇

二、太中大夫卜圭书二十七篇

三、富参书四十一篇

四、射声校尉立书十一篇

五、太史书九十六篇

经刘向除重复校勘整理编定为《管子》八十六篇。《别录》《七略》与《汉书·艺文志》所著录的篇数并同。刘向所搜集的以上五种《管子》抄本，其中以中秘书最多，中秘即皇家图书馆，藏书最多，从篇数上看来，大概至少有四五部《管子》。其次是太史书有九十六篇，至少也有一部多或两部《管子》。其余的三种均私人所藏，都不足一部，最少的只有十一篇。因为汉以前古书往往都是单篇流传，一则是作者并不是有意著书，往往写成一篇就流传于外。一是为了学习方便，从古书中钞录部分以便诵读。所以除皇家图书馆及太史馆存有较完整的抄本外，一般流传在外的都是某部分或若干单篇。以上五类从篇目数字估计大概有十余种不同的《管子》钞本。刘向除去重复，经过校雠整理，定著为八十六篇，并划分为"经言""外言""内言""短语""区言""杂篇""管子解""管子轻重"凡八类。这种划分我认为不是刘向自己制定的，而是他搜集到的十余种《管子》钞本中原有的。要是刘向自己定的必然会在叙录中有所交代，而在《管子书录》中一字未提，因为是据旧钞本原有的区分，编者未有新的更动，所以就用不着说明了。现就这八类的区分，结合《管子》篇目，简介如下：

（一）经言九篇：从《牧民》至《幼（玄）官（宫）图》共九篇。其中《牧民》《形势》《立政》《版法》四篇，后面均有《解》。"解"即注解传说之类，有解说故称原作为"经"，因此叫"经言"。但《明法》有解，却排在第四十六，属《区言》；《七法》无解而列第六，疑今本编次有错乱。经言虽非管子自著，但其中保存有管子遗说。如《韩非子·难三》明引《牧民》《权修》之文可证。

（二）外言八篇：从《五辅》至《兵法》凡八篇。其中《宙合》为前经后解，与经言体相类。《枢言》为全书纲领，似当成于经言之后。其余各篇为齐法家言。

（三）内言九篇：从《大匡》至《戒》凡九篇，其中亡《王言》《谋失》二篇，今只存七篇。这一组文章皆记述管仲事迹及相桓公成霸业。其内外之分，盖以事实为内，理论为外也。

（四）短语十八篇：从《地图》至《九变》凡十八篇。其中亡《正言》一篇，今存十七篇。短语即短书，并不是说它的文章短，而是说它是用八寸策写成的短书。短语为另一类文章，大概为齐稷下学者所著。

（五）区言五篇：从《任法》到《内业》凡五篇。这一组为黄老道法家言。据此可略窥由道而法递变之迹。

（六）杂篇十三篇：从《封禅》至《问霸》凡十三篇。其中亡《封禅》《言昭》《修身》《问霸》四篇，只存九篇。后又以《史记·封禅书》中所引管子言封禅之文补作《封禅》篇。此乃稷下学者杂记管子之逸闻逸事，故汇为杂篇。

（七）管子解五篇：解说经言中《牧民》《形势》《立政》《版法》及《明法》，其中《牧民解》亡，只存四篇。古代经与解别行，故别为一类。解当成于战国晚期。

（八）管子轻重十九篇：自《臣乘马》至《轻重庚》凡十九篇。其中亡《问乘马》《轻重丙》《轻重庚》三篇，今存十六篇。这是一组财政经济的论文。

《汉书·艺文志》著录《管子》八十六篇，今本亦八十六篇，其中亡佚十一篇，实存七十五篇。但今本《管子》是否即刘向校理的本子？只能说大体上是，其中个别篇次恐有错乱。如《明法》不列经言而有解，即其一例。从以上八类的区分及其内容看来，《管子》内容庞杂，并非一人一时之书，是无疑的。但其中有部分管子遗说及管仲相桓公成霸业的历史和一些管仲的轶闻逸事，也是无疑的。这部内容庞杂的书，以其记述管子言行，而管仲则是齐国最具代表性的大人物，故以《管子》统名全书，以其为齐学之大宗也。

齐国建都于临淄，就是现在山东省淄博市的临淄区。临淄有道城门叫稷门。据刘向《别录》说："谈说之士，期会于稷下也。"（《史记·田敬仲完世家》裴骃集解引）从田齐桓公午到齐威王、宣王时都在稷下学宫以优厚的待遇招集天下知识分子，其中最盛时达到数千人。其中有老师，也有更多的弟子。现在《管子》中有《弟子职》一篇，就是齐稷下学宫的学生守则，因其是弟子共同遵行的规则，故以《弟子职》命篇。这是世界上最早的学生守则，在教育史上有极高的价值。

总的来说，《管子》基本上是一部战国时齐稷下丛书，其中记载有管子遗言及管子的事迹，但更多是管子学派后学的论著。故汇为一编。叶适说："《管子》非一人之笔，亦非一时之书。"（《习学记言》卷四十五）这一判断是正确的。

作者指出齐文化也具有恢宏阔达、兼收并蓄的特点。《管子》虽强调法治，但是它又吸取儒道，构成管子学派齐法家的特色，与三晋法家不同。值得注意的是：第一，齐法家重视民众，察觉到群众的力量是巨大的。第二，齐法家把法治与礼义道德结合。第三，管子认为道德法令是建立在一定的物质基础上的。第四，道法结合。认为道法是治理天下的根本。

《例言》主要内容如下：

一、《管子简释》正文据戴望《管子校正》，参校他本及郭沫若《管子集校》，凡其中错讹一一为之订正，成一读本，使文从字顺，便于阅读。

二、正文均分段标点，加以注释。正文中校改文字，均于注解中一一加以说明。但于正文中繁体古字，如"蚤"改作"早"，"彊"改作"强"等，不一一注明。

三、简释于每篇均作简要的解题，概括本篇内容。

四、注解力求简明扼要，言之有据。于异说分歧之处，则择善而从，采一家之说或两说并存，而不一一列举，以免繁琐。

五、《管子》难读，于各家均无解说或诸说不通处，我们也不能解决的，则付之阙如。

在《管子》正文部分，首列篇名，下为《管子》篇目正文。正文按照段落排序，在每段之后注释字词。如《牧民》第一篇，先对本篇的主要内容做出说明，对篇内内容做出判断。本书注重用《管子》的其他篇章来解释本篇。引用《说文》、《汉书》、清朝乾嘉学派注释《管子》的成果，对篇内文字做出判定。每段注释重新排序。同时对《管子》文中的历史事件、地名做出判断和考察。在注释过程中，重视对先秦礼仪制度的解释。对于亡佚的篇章，在正文中列出，在篇名后标出"亡"字。

钟肇鹏、孙开泰、陈升诸人的《管子简释》，以简要的方式对《管子》篇名做出解释，对篇章文字进行考订，对书中出现的国家、地名进行考释，使读者能够全面理解《管子》全书，是较好的注释本，也是比较早期的注释本。著者对于《管子》成书和《管子》的主要内容进行考察，比较《管子》与三晋法家思想的不同，对于阅读者历史文化水平的提高有很大帮助。该书论证扎实，学术性强，考虑了读者的接受程度，以简驭繁，非常适合读者阅读。

第十二节　《新世纪万有文库》本《管子》

梁运华校点整理《管子》，辽宁教育出版社 1997 年 3 月出版，属于《新世纪万有文库》丛书。

《新世纪万有文库》丛书总顾问是：陈原、王元化、李慎之、任继愈、刘杲、于金兰。传统文化书系的学术指导是：顾廷龙、程千帆、周一良、傅璇琮、李学勤、徐苹芳、傅熹年、黄永年。

此本《管子》，首为《出版说明》，其次为杨忱《序》，其次为《刘向序》，其次为《〈新世纪万有文库〉缘起》，其次为《目录》，其次为《管子》正文，其次为张嵲《读管子》，最后为《校勘记》。

在《出版说明》中，校点者中华书局的梁运华对管仲的生平、《管子》一书和所用版本做出说明，主要内容是：

> 管子（？—公元前645年）名夷吾，字敬仲，又称管仲，春秋时颍上人。相齐桓公，被尊称为仲父。治理齐国，使国富兵强，曾九合诸侯，一匡天下，成为当时最强大的诸侯国。
>
> 《管子》一书，内容比较复杂，刘向《七略》列于法家，班固《汉书·艺文志》移于道家，分著于兵家，《隋书·经籍志》又改入法家。其中还不乏儒家、阴阳家的思想。晋代傅玄认为《管子》"过半便是后之好事者所加"，历代均有学者怀疑《管子》并非管仲所著。郭沫若明确指出："《管子》不仅不是管仲作的书，而且非作于一人，也非作于一时。它大率是战国及其后的一批零碎著作的总集。"马非百进一步将《管子·轻重》十九篇定为"西汉末年王莽时代的人所作"。有些学者认为先秦诸子著作都是门弟子、宾客或子孙撰定，《管子》的成书有如《论语》一般，不可一概否定。即使其中没有管仲亲笔写的文字，也有论述其思想、活动的材料。
>
> 《管子》旧注，《新唐书·艺文志》著录有"尹知章《管子》三十卷"。流传至今的《管子》均为二十四卷八十六篇（内亡十篇），题唐房玄龄注。晁公武《郡斋读书志》以"注颇浅陋"为由提出质疑，认为注者"恐非玄龄，或云尹知章"。《四库全书总目提要》、郭沫若均定为尹知章注，认为"房玄龄"一名乃是后人和坊间所窜改。但唐杜佑《管氏指略序》称"唐房玄龄注"，《通典·食货》引《管子》注文不少，大都与今本注同。

《通志·艺文略》分别载有房玄龄注二十四卷，尹知章注十九卷（“旧有三十卷”）。吴竞《书目》称尹注亡《形势解》以下“十一卷”，而今本不仅有注，有些注还特详。刘绩《管子补注》举别本注文五十余条，未标明注者姓氏。从上述而言，《淮南子》有高诱注和许慎注，《管子》似亦有尹注和房注之分。世讥旧注浅陋（《大匡》注“召忽称管仲为兄”即一例），但其中精粹而可资参考者不少，亦不可一概否定。

现存《管子》版本主要有三个系统，代表者为宋杨忱本、明（郭沫若定为辽）刘绩《补注》本和明赵用贤《管韩合刻》本。此次校点，以上海涵芬楼影宋刊本《管子》为底本，参校湖北先正遗书明刻中都四子本《管子补注》（简称《补注》）、中华书局《诸子集成》本《管子校正》（简称《校正》）和日本玉山堂庆应元乙丑岁新雕《管子纂诂》（简称《纂诂》）。凡有改动，均出校说明。原本唐房玄龄注及末所附黄丕烈和戴望后记，今一并删除。

杨忱《序》、《刘向序》，《管子》正文之后的张嵲《读管子》，内容与南宋浙江刻本《管子》同，此处不录。

在《〈新世纪万有文库〉缘起》中，编者说明丛书名“新世纪万有文库”的由来及编纂此丛书的价值和意义，主要内容如下：

当年商务印书馆的《万有文库》风靡一时，至今余响不绝。我们照抄原名，冠以“新世纪”，以示时代差异，但承继之意是不言自明的。

要设计一个所谓世纪工程，选编一些人人当读的书，“万有”一词再恰当不过。这就像把物体间的引力称为“万有引力”一样，它无所不包，无处不在……我们只能赞叹王云五和他的友人、同人的聪明才智，并且乐于承继。

要承继的，不仅是一个名称。……于是也有了陈原、王元化、李慎之、顾廷龙、金克木、董乐山等三十多位海内外的大家出任总顾问或学术指导，还有一些有经验的朋友担任策划……

在出版、发行方式上，也有不少承继。六十年前，商务的《万有文库》在廉价简装上作文章，而其销售则以图书馆作为主要对象。我们今天大体仿此，只是销售对象适应今天的情况更加开展一些……

较多不同前人的，大概是内容。《新世纪万有文库》大别有三：传统文化书系，近世文化书系，外国文化书系。传统文化书系重在传统古籍。我们所收，内容自然不出前人曾定范围，书名雷同者至夥，但在“新世纪”里，当求其选题更适合时代需要，校审更精。文本皆系“白文”，后人注释例不收录，以显其文献的本初面目。

此本《管子》共有二十四卷。

本书为白文标点，删去了原文注释。《校勘记》根据卷的顺序，对文字进行校勘，每卷校勘条目加以编号，以①②③等作为标记。主要以《管子补注》进行校改，二十四卷中，共校勘268条。校改文字、增加文字、删减文字、改变原文顺序，还有文字存疑者，并在《校勘记》中列出，如卷二十一勘误第15条云：“‘巨’字，《补注》作‘匡’，《校正》作‘臣’”，将不同文字列出，以备读者参考。除了《序》中提及以《管子补注》《管子校正》《管子纂诂》作为参考典籍，还参考了《吕氏春秋》的文字，并根据《管子》其他篇章的文字进行校订。

梁运华点校的新世纪万有文库本《管子》，所用版本为《四部丛刊》本《管子》，在20世纪90年代，这是最佳的版本选择。此外，著者在说明现存《管子》三个主要系统的时候，表述非常准确。此本《管子》的点校，为点校者整理中华书局新编诸子集成本《管子》做了很好的准备。

第十三节　孙波注释本《管子》

孙波注释本《管子》，华夏出版社2000年5月出版。

此本首为《前言》，其次为《目录》，其次为《管子》正文。

《前言》主要内容如下：

《管子》一书经历年代久远，古写本已不可见，今以宋杨忱本为最早。《管子》书在汉初颇受重视，但其后渐遭闲置。对《管子》一书的注疏工作，始自唐中宗神龙年间国子博士尹知章。明人虽好《管子》，但在校注方面鲜有业绩。至清，《管子》校释有了很大发展，出现了孙星衍、洪颐煊、王念孙、王引之、丁士涵、张文虎、俞樾、戴望等人的专门著述。其中，戴望撰《管子校正》，将各家意见汇集一册，便于参考比较。戴望以后，孙诒让、何如璋、刘师培等学者也有校注著作面世。稍近，《管子》的校注本有郭沫若、闻一多、许维遹合撰的《管子集校》。

我们以原世界书局所出《诸子集成》中戴望的《管子校正》为底本，并参校其它有代表性的版本及近代以来学者的整理成果。

《管子》一书相传为春秋时齐国卿管仲所撰，实际上系后人摘录管子言行及稷下学派言论并大量附以齐国法家著作汇编而成。其内容广泛涉足政治、经济、哲学、军事、工农业生产、天文历法等多个方面。

《管子》强调农业生产，但主张本末并用以富国强民……

《管子》有一整套的经济运转思路。如把全民分为士、农、工、商分别居住，国家提出不同的职业要求并提供相应的职业保障……

《管子》还提出，为加强中央集权，应该打破阶级界限和等级制度选拔人才，如“擢秀民”为士，任用平民中的杰出有为者担任较高职务。在军事方面，则“作内政而寄军令”，实行全民皆兵的耕战结合政策，既提高了国家的战斗力，又不影响农工商的生产。在外交上，《管子》则提出“善邻”政策，即团结邻邦和平共处，保证了中原地区的安定。

《管子》一书特别强调，“国侈则用费，用费则民贫”(《八观》)，奢侈与挥霍不利于社会生产的发展和人民生活的提高。因而，在阐述明君的“六务”时，把“节用”列在第一位，认为“故圣人之制事也，能节宫室、适车舆以实藏，则国必富、位必尊。能适衣服、去玩好以奉本，而用必赡、身心安矣”(《禁藏》)。但节俭与积极消费也不是对立的，《侈靡篇》就较为集中地论述了消费对生产的刺激作用。可见，发展生产必须辨证地对待奢俭两方面的效应，以防“俭则伤事，侈则伤货”(《乘马》)。

《管子》中的合理思想，不仅有一定的历史价值，也有其现实意义。例如，《管子》重视利用市场机制来搞活经济，在商品价格上，“藏则重，发则轻”(《揆度》);“令疾则重,令徐则轻”(《轻重乙》),指出供求关系影响着商品的价格变化。在对外贸易上,也要重视运用市场竞争机制,认为:“为国不能来天下之财,致天下之民,则国不可成。”(《轻重甲》)在认识论上,强调认识必须符合客观实际,即所谓“名当”“名实不伤”。在认识事物时,还要去掉主观成见,等到接触事物之后,根据事物的本来面目去认识它,即所谓“静因之道”(《心术上》《白心》)。所有这些,对于我们总结过去,启迪未来,是有重要意义的。

著者注释《管子》,主要的参考书目是:戴望《管子校正》,俞樾《诸子平议》,刘绩《管子补注》,尹桐阳《管子新释》,郭沫若、闻一多、许维遹《管子集校》(上、下册),赵守正《管子注译》(上、下册),蒋伯潜《诸子通考》,钱穆《先秦诸子系年》。

注释者所依据的底本是原世界书局所出《诸子集成》中戴望的《管子校正》本,“并参校其它有代表性的版本及近代以来学者的整理成果”。《目录》部分,共列八十六篇,包括亡佚的篇目。正文中,在每段之后,做出注释,对段内文字进行解说。注释内容比较少。

本书在列参考书目的时候,版本体例不一,前四项参考书目,没有列出依据的版本和出版社。在《前言》部分,著者说:“《管子》旧书凡三百八十九篇,汉刘向校除重复者,定为八十六篇。其中,《王言》《正言》《言昭》《修身》《问霸》《牧民》《解问》《乘马》《轻重丙》《轻重庚》十篇已佚。”此处的标点有误,篇目亦有讹误。亡佚的十篇应该是:《王言》《谋失》《正言》《言昭》《修身》《问霸》《牧民解》《问乘马》《轻重丙》《轻重庚》。

第十四节　周瀚光、朱幼文、戴洪才《管子直解》

周瀚光、朱幼文、戴洪才撰《管子直解》,复旦大学出版社 2000 年 6 月出版。

《管子直解》首先为《内容提要》,其次为《前言》,其次为《目录》,其次为《管子》正文,最后为《参考书目》,共列 94 个篇目。

在《内容提要》中，著者对《管子直解》的内容做出说明，主要内容如下：

《管子》是我国古代的一部重要典籍。它内容丰富，博大精深，涉及到哲学、政治学、经济学、军事学、管理学及自然科学等各个方面，在中国思想史上占有极其重要的地位。本书选择《管子》中的二十九篇具有代表性的文章进行整理研究，每篇都包括解题、原文、今译、注释和评析五个方面的内容。各篇的开头先列出解题，概括介绍本篇的主要内容，然后分段对原文进行校点、今译、注释和评析。其中校点力求严谨，今译力求通畅，注释力求准确，评析力求抓住主要观点，展示其在历史上的作用和影响，以及在现实生活中的启示和价值。全书资料丰富，文句流畅，深入浅出，通俗易懂，是一部既有学术价值、又有较强可读性的古籍读本。

在《前言》部分，著者对管仲生平、《管子》的成书、《管子》的主要思想进行论说。最后著者说："本书选择《管子》书中二十九篇具有代表性的文章，经整理研究后推荐给读者。我们在每篇开头先提供一个'解题'，概括介绍本篇的主要内容，然后再分段对原文进行今译、注释和评析。……本书所著录的《管子》原文，系采用《四部备要》中明人赵用贤的本子作为校点的底本。校勘则主要参考郭沫若、闻一多、许维遹的《管子集校》（科学出版社1955年版）。原文凡有校改之处，我们均加注释予以说明。本书由周瀚光、朱幼文、戴洪才三人合作完成。其中从《牧民》篇到《立政》篇由周瀚光完成，从《乘马》篇到《君臣下》篇由戴洪才完成，从《心术上》篇到《国准》篇由朱幼文完成。"

在目录部分，列出《管子直解》的篇目，其选择标准是《管子》中有代表性的篇章，篇目有：

《牧民》《形势》《权修》《立政》《乘马》《七法》《五辅》《枢言》《法禁》《重令》《霸言》《君臣上》《君臣下》《心术上》《心术下》《白心》《水地》《明法》《治国》《内业》《弟子职》《巨乘马》《乘马数》《事语》《海王》《国蓄》《山权数》《地数》《国准》，共二十九篇。

正文部分，在篇名之后，首先是“解题”，对篇名和篇文内涵做出解释；其次是《管子》篇文，按照段落划分。在第一段正文之后，是“今译”，将篇文内容译为现代汉语；其次是“注释”，对原文的字词进行解释，对讹误不通的文字有校改；其次是“评析”，对本段内容进行分析评价。在评析中，著者有所发挥，结合西方哲学理论进行论说，亦与先秦其他诸子学说进行比较论证。

第十五节　刘柯、李克和《管子译注》

刘柯、李克和译注《管子译注》，黑龙江人民出版社2003年1月出版，属于《二十二子详注全译》丛书。

《二十二子详注全译》丛书主编：韩格平、董莲池。

此本首为《总序》，其次为《前言》，其次为《目录》，其次为《管子》正文，最后为附录。附录内容包括三部分：《管子凡例》《管子文评》《管子书序》。

在《总序》中，《二十二子详注全译》丛书主编对子书的内涵、刘向校书、清代浙江书局《二十二子》做出考察，主要内容如下：

> 子书，泛指我国古代学者阐发个人学术观点的著作。《文心雕龙·诸子》：“诸子者，入道见志之书。”《四库全书总目·子部总叙》：“自六经以外立说者，皆子书也。”“子”原本是对男子的一种尊称，可以用来称呼有名望、有地位的官员，也可以用来称呼有学问、有德行的师长，于是，许多学者的著作也以“某子”作为书名，如《老子》《庄子》《管子》《墨子》等。我国古代第一个子书创作高峰期在春秋战国时期。其时“生齿繁而竞争烈，交通便而知见深，腐败深而衅漏见，五帝三王之陈迹渐不足以约束当时之社会，于是聪明睿知之士，李耳、孔丘、墨翟诸人相继迭起，而学术思想之发展遂达于全盛时代”（钱玄同《中国学术思想论文集要·序》）。可以说，春秋战国时期剧烈的社会大变革，是其时诸子之学繁荣兴盛的主要原因。这一时期，先后出现了儒、墨、道、法、名、阴阳等重要学派及其相关著作。后世文人继承发扬了先秦诸子的优良传统，关注时政，潜心钻研，著书立说，撰写出大量个人学术著作，进一步丰富

和完善了中国古代哲学思想体系。这些子书,在我国浩繁的古代典籍中占有重要地位。

西汉末年,刘向、刘歆父子奉诏校理皇室秘府藏书,分别撰有书目文献《别录》《七略》。东汉班固删取刘歆《七略》成《汉书·艺文志》,其中《诸子略》著录当时儒家、道家、阴阳家、法家、名家、墨家、纵横家、杂家、农家、小说家等诸子类著作共"百八十九家,四千三百二十四篇",《兵书略》著录兵家著作"五十三家,七百九十篇,图四十三卷",《术数略》著录天文、历谱、五行、耆龟、杂占等类著作"百九十家,二千五百二十八卷",《方技略》著录医经、经方、房中、神仙类著作"三十六家,八百六十八卷"。《隋书·经籍志》卷三"子部"将《汉书·艺文志》的《诸子略》《兵书略》《术数略》《方技略》"合而叙之,为十四种,谓之子部",共著录当时存世子书"八百五十三部,六千四百三十七卷"。此后,历代公私目录对子书均有详细著录,王应麟《玉海》、马端临《文献通考》等含有宏观评述前代子书内容的著作亦历代有之。至清代编修《四库全书》,馆臣将子书分为儒家、兵家、法家、农家、医家、天文算法、术数、艺术、谱录、杂家、类书、小说家、释家、道家共十四类,收录子书924部,17893卷;子书目录2008部,41318卷,从中可以反映出乾隆年间我国子书的基本规模及大致内容。

为了更好地提高研读实效,古代学者尝试在卷帙浩繁的子书中选编精华。他们或摘取诸子名言警句、精彩片段汇辑成诸子语录之书,如梁庾仲容《子钞》、梁沈约《子钞》、唐马总《意林》,明陈深《诸子品节》之类;或选录数子、数十子全文编辑成一部诸子丛书,如宋汪氏《曾思二子全书》、明许宗鲁《六子书》、明周子义《子汇》、清崇文书局《子书百家》之类。在现存的古人编辑的诸子丛书中,浙江书局于清光绪初年至光绪三年分册辑刊而成的《二十二子》较有特色。

首先,该书所收子书具有较高的代表性……

其次,该书对于今人研读中国子书具有较高的实用性……

第三,该书刻校精良,在文字内容上具有较高的可靠性。古书流传至今,多有衍脱误倒之类的讹误。为此,浙江书局对于各种子书的底本选择甚严,所用底本均为精刻精校本。如《老子》选用华亭张氏本、《庄子》选用明世德堂本、《管子》选用明吴郡赵氏本等。在此基础上,浙江书局组织人力认真校勘。除《韩非子》与《春秋繁露》由董慎行一人校勘外,其余诸书均设一名主校,两名分校。其中,担任主校的有:王诒寿,字眉子,浙江山阴人,曾任武康训导,好古文,精骈文,撰有《缦雅堂文》《笙月词》等;黄以周,字元同,浙江定海人,同治举人,曾任分水训导,南菁书院主讲、处州教授、内阁中书等,学识渊博,著述颇丰;杨文莹,字雪渔,浙江钱塘人,光绪进士,授编修之职,等等。邀请如此众多学者从事一部数百万字书籍的校勘,在中国古代图书出版史上实属罕见。正是这些知名学者的直接参与,为《二十二子》的刊刻质量提供了有力保障。

当然,站在今人的角度看,《二十二子》还存在一些不足……尽管如此,我们认为《二十二子》仍然是目前较为实用的一部诸子丛书。

目前,许多青年朋友直接阅读子书古文原著比较困难,有鉴于此,东北师范大学古籍整理研究所组织所内外专家学者对《二十二子》进行了注释与今译。

在《前言》部分,译注者刘柯、李克和对管仲生平和《管子》书做出考察,并对《管子》篇文思想做出解释,认为:

《管子》一书包罗万象,内容丰富。自秦汉以来,人们就难以将它类属。《汉书》隶之道家,《隋志》又隶之法家,实际上,当为杂家。如《幼官》《幼官图》《宙合》《四时》《五行》,反映的是阴阳五行思想,《七法》《兵法》《地图》《参患》《制分》《九变》,展示的又是兵家理论;《霸言》为纵横家之说,《地员》又为农家之言。值得一提的是,诸家之书,所传本少,而托于《管子》而传世者,有的反而比当家之书更为精粹。《管子》所具的道家理论,可与《老子》《庄子》媲美;其法家之言,与《商君书》《韩非子》各不相掩。特别是轻重之说,诸子都不曾言及,惟《管子》论述详尽,颇能反映远古的经济思想和经济政策。因此,《管子》堪称先秦诸子中的瑰宝……

《牧民》《形势》《权修》《乘马》等记述了管仲的思想,《大匡》《中匡》《小匡》等记载了管仲的遗事,《心术》上下、《白心》、《内业》等当是稷下学派对管仲哲学观的发挥阐释,而《轻重》19篇更主要是西汉时期的经济思想。因此《管子》一书实为一部文章总集,并非一人之作,亦非一时所成。但这并不影响它的学术地位和研究价值,也丝毫无损管仲的历史贡献……

《管子》一书,由于时代久远,古写本已不复存在。今天能见到的年代最早、流传最广的版本,是唐尹知章作注、宋杨忱刻本《管子》24卷。此外,影响较大的有辽刘绩《管子补注》、明赵用贤《管韩合刻》、清戴望《管子校正》、日本学者猪饲彦博《管子补正》等,当代最重要的研究成果是郭沫若先生所撰《管子集校》。令所有研究者感到困惑的是,《管子》词义古奥费解,加之简篇错乱,文字夺误,难以董理。对于今天的一般读者,阅读多有不便。因此今译工作变得十分迫切。在这方面,赵守正先生起步最早,贡献最大。本书的撰写,在注释上主要借鉴了郭沫若先生等《管子集校》、颜昌峣先生《管子校释》、马非百先生《管子轻重篇新诠》,在翻译上主要参考了赵守正先生《管子注译》。

在《管子》正文部分,首先列出篇名篇号、分类,如《管子》第一篇,标署作"牧民第一,经言一"。其次是正文,首先抄录全文;其次是"注释",以简单的语言进行解释,文字比较简约,如在《牧民》篇中共有17个注解;其次是"译文",译文流畅,语言表现力强。

在《管子》附录部分,附录一是《管子凡例》,抄自赵用贤《管韩合刻》本《凡例》;附录二为《管子文评》,抄自赵用贤《管韩合刻》本《管子文评》;附录三是《管子书序》,首为赵用贤《管韩合刻》本《管子书序》,其次为刘向《管子书序》。

《二十二子》本在清光绪初年由浙江书局辑刊,所收书目有:《老子》《庄子》《管子》《列子》《墨子》《荀子》《尸子》《孙子》《孔子集语》《晏子春秋》《吕氏春秋》《贾谊新书》《春秋繁露》《扬子法言》《文子缵义》《黄帝内经》

《竹书纪年统笺》《商君书》《韩非子》《淮南子》《文中子中说》《山海经》。就本书来说，属于《二十二子》本全注全译中的一部，由东北师大古籍所主持，在书的总序中对诸子做出定义，对浙江书局刻本《二十二子》的特性做出考察，与本人对浙江书局《二十二子》本《管子》研究的结论吻合。李克和和刘柯的注释、今译，语言简练，表现力强。唯一的缺憾，是刘柯、李克和的《前言》沿用了郭沫若《管子集校》中对刘绩《管子补注》成书和作者考察的讹误，没有见到王欣夫的驳论文章，也没有参考《四库全书总目》对刘绩《管子补注》的考察。

第十六节　黎翔凤《管子校注》

黎翔凤撰、梁运华整理《管子校注》（全三册），中华书局2004年6月出版，属于《新编诸子集成》丛书本。

此本首为《新编诸子集成出版缘起》，由中华书局编辑部撰写，其次为黎翔凤《序论》，其次为黎翔凤《凡例》，其次为梁运华《加工说明》，其次为《杨忱管子序》，其次为《刘向叙录》，其次为《目录》，其次为《管子校注》正文，最后是张嵲的《读管子》。

在中华书局撰写的《新编诸子集成出版缘起》中，主要说明：

> 子书是我国古籍的重要组成部分。最早的一批子书产生在春秋末到战国时期的百家争鸣中，其中不少是我国古代思想文化的珍贵结晶。秦汉以后的整个封建社会中，还有不少思想家和学者写过类似的著作，其中也不乏优秀的作品。
>
> 五十年代，中华书局修订重印了中华人民共和国成立前由原世界书局出版的《诸子集成》。这套丛书汇集了清代学者校勘、注释子书的成果，较为适合学术研究的需要。但其中未能包括近几十年特别是中华人民共和国成立后一些学者整理子书的新成果，所收的子书种类不够多，断句、排印尚有不少错误，决定重新编辑出版一套《新编诸子集成》。
>
> 《新编诸子集成》收入先秦到唐五代的子书，着重选收与哲学、思想

史的研究关系较密切的。个别不属于子部的书如班固的《白虎通义》，因与哲学、思想史的研究关系较密切，也拟选入。

在《序论》中，黎翔凤说明《管子校注》的写作缘起及研究方法，主要内容是：

一九六二年秋，余参考郭沫若《管子集校》，重新校注《管子》，一年有半而毕事……

郭校收罗广博，所未收者，惟张太岳等《四库全书考证》，然其书极粗略，非有价值者……

《永乐大典》辑于明初，所见为宋本无疑，影印于郭校之后，辑得十余条……

郭校人手杂，势不免有时漏夺，有时失序，有时失当……

余之为校注也，有问题之句，每字必考，不以常见之字而忽之。常见之字，往往蕴藏问题……

予之为校注也，扩展旧法，通用之法四：有问题之字，先求《说文》本训；不可通，求之于假借；不可通，求之于声训；最后均不可通，则定为形误……

予校管另有专用之法，非一般所能采用。其法有三：(一)汉隶别体。(二)齐国方言。(三)《管》书中心理论。隶书别体……不但保存汉、魏真迹，且可以解决疑难问题……

《管子》内容博大，体系整饬，超越九流诸家之上，汉初贾谊、晁错称述之。武帝定儒家为一尊，其书渐微，然《盐铁论》犹论及之。孟轲极力贬抑，至东汉赵岐注《孟子》而后，传述衰息。汉末郑玄、服虔、许慎诸人不为《管子》作注。六朝重玄言，更非《老》《庄》之比。五胡乱华，士族南迁，中原旧义湮没，《管子》遂无人能读其全矣。房玄龄作注于失传久绝之后，不能尽解者，势也，而又阙佚不全。《通典》十二引玄龄佚《注》："此篇经秦焚书，潜蓄人间。自汉兴，晁、贾、桑、耿诸子犹有言其术者。其后绝少寻览，无人注解。或编断简蠹，或传讹写谬，年代绵远，详正莫由。今且梗概粗知，固难得搜摘其文字。凡问古人之书，盖欲发明新意，随时制事，其道无穷，而况机权之术，千变万化，若一二楷模，则同刻舟胶柱耳。他皆类此。”玄龄此言，指《山至数》之“币乘马”为不可行于后世，兼以否定《管》书精义，此则玄龄之浅陋不仅在《注》文也。“币乘马”即轻重之术，物价由政府控制，今世极为重视，玄龄乌足以知之耶？玄龄之贻误后人者，自己不明古音古义，而称为“编断简蠹”“传讹写谬”，然犹未敢改字也。此风一扇，辄无据而“删”“改”“涂”“乙”，其害不可胜穷矣。

《管子》树义有五：曰政治，曰法令，曰经济，曰军事，曰文化……主要者不过六七篇，为全书之纲领，而《幼官》则为脑神经中枢，理论体系由是出焉……

诸葛亮自比管、乐，必能深知《管子》。汉经师郑玄、服虔、许慎未注《管》。至唐，语言隔阂，多不能通其说。余生于汉学大昌之后，追踪汉儒较易，受时代之赐，受先师黄季刚之赐。

著者在《附记》中说：

一九七四年山东临沂汉墓，《孙子兵法》《六韬》而外，兼发现《管子》。汉人固以《管子》为兵书也。《文物》《考古》诸刊物无一字提及，盖不知也。

《凡例》主要内容如下：

《集校·叙录》云：“研究工作有如登山探险，披荆斩棘者纵尽全功，拾级登临者仍须自步。”本书即在《集校》基础之上，继续努力，仍有少数未满意者。补苴罅漏，期待后人。

本书以宋杨忱本为底本，有疑难加以说明，以存其真。

诸家有立说允当而无证据，或证据不足者，一一补证。

诸家或据类书，或以私意增删，无关文义者，删削之，节省篇幅。

赵用贤用杨本校勘刘本,通行最广。其《序》谓正其疑误逾三万言,其不可考者尚十之一二。赵本不明古义,改为后世之文从字顺,为校勘之一厄。王念孙常蹈此病,然易得众人之同情,必须纠正,以求存真。此非有好古癖,古人之书,还古人面目,方合原意。

《加工说明》部分,梁运华说明了原稿存在的问题及整理者所做的工作:

(此本)虽经……誊录校核,原稿仍存在一些问题,主要有三:一、黎先生称用宋杨忱本为底本,但原稿用以剪贴的却是《四部备要》本,即明吴郡赵用贤本,并将原有注文全部剪去,不仅与撰者的出发点相背,且出现未加校订而据赵本立论之事。如释《幼官》"三卯""十二始卯"为赵本,杨本实作"十二始丣"。二、黎先生于《凡例》中强调,对前人的说法,"或据类书,或以私意增删,无关文义者,删削之,节省篇幅",但原稿中却全部保留,未作处理。三、引书未认真核校原文,其突出者,如《轻重甲》注"春献兰,秋敛落"引《侈靡》《地数》《西京赋》《丧大祭》文,无一条准确者。注"东车五乘",引《释名》三十一字,竟错漏十一字。因李雪尘女士年事已高,加工原稿力不从心,编辑部领导让我勉为其难,我只好从命。

此次加工,除改正一般文字、标点错误外,主要解决以下三个问题。

一、《管子》正文及原注用上海涵芬楼影宋刊杨忱本为底本,重新进行标点、校勘。参校本有:《湖北先正遗书》影明刻《中都四子》本《管子补注》(简称《补注》),中华书局《诸子集成》本《管子校正》(简称《校正》),日本玉山堂新雕《管子纂诂》(简称《纂诂》)。凡有改动,均出校说明。保留张嵲《读管子》一文(原稿缺)。

二、对前人的校注,除删削"或据类书,或以私意增删,无关文义者"外,重复者亦一并删去。

三、对校注中的引文重新进行核对。对部分注文亦稍有删改。

在《管子》正文部分,首先列卷数、篇名,然后是对篇名含义的解释,其次是正文，其次是注释。以首卷为例，首先标明“管子校注卷第一，唐司空房玄龄注”，下行为篇名“牧民第一”，行下是小字注“国颂 四维 四顺 士经 六亲 五法”，这是《牧民》篇中的章节名称；小字注下是“经言一”，说明本篇属于《管子》经言的第一篇。在《牧民》篇名之下，是黎翔凤的按语，作“翔凤案”，对篇名含义进行解释。对文字的解释周密深刻，征引诸多典籍进行论说。并对“经言”的含义做出解释。

《牧民》的正文，原文用大字，房玄龄注在文中用小字。原文做出标点。在每一章节后面对篇文内容进行解释，征引典籍内容较广。对于原文中的脱误，以刘绩《管子补注》本的文字进行校正，对于杨忱本原文中的俗体字，均改为正字。本书质量极佳，刊行之后，是学术界研究的必备版本。因为本书对南宋浙江刻本《管子》的脱漏文字进行了补充，又将俗体字改正为正体字，故此书是杨忱本系统下的一个新版本。

第十七节　姜涛《管子新注》

《管子新注》，姜涛著，齐鲁书社 2006 年 12 月出版。

此本首为山东大学董治安教授所做的《序》，其次为《目录》，其次为《管子》篇文，其次为《主要参考书目》，最后为著者《后记》。

在《序》中，董治安教授对《管子》一书的性质、《管子新注》的特点做出说明，对本书加以评价，主要内容是：

> 《管子》是我国古老的先秦名著，是周秦子书中最为重要的几部基本元典之一。其书带有总集性质，所论广泛涉及春秋战国时代的政治、经济、文化、军事等方方面面，不仅保存了极为丰富的学术史、文化史资料，而且反映了儒、道、法、农、阴阳等诸多学派之间的对立与交流，弥足珍贵。然而，由于全书内容庞杂，年代久远，流传中复遭窜乱，自西汉刘向“定著为八十六篇”之后，李唐以前缺失已有十篇之多，所余各篇，亦难以确指撰作的年代，文字的错乱比比皆是，虽经历代学者的校勘、整理，迄今存在的疑难依然甚多，不易研读。《管子新注》在踵武前贤的基

础上，力求推出一部体现当代学术发展、适应现实需要的《管子》的新注本，很有意义。

《管子新注》是今存《管子》七十六篇的一个全注本，可供读者对于这部先秦要籍的全面观照和系统阅读。原书篇章繁多，涉及甚广，异说纷纭，而“新注”主要以文字训诂为基础，以串解文句、贯通篇意为重点，力求简明扼要，不蔓不枝；一些文献的借鉴和问题的考校，注意取其精要，避免繁征博引、治丝益棼；所作各篇“解题”，短者数十字，多者百余言，也能够做到提纲挈领，明白易解；凡此，都展现了本书重要的风格特点，表明这将是一部读者层面较宽、比较易于索解的《管子》新注本。

姜涛是训诂学专业的研究生毕业……他对《管子》的整理、注释，重视科学性与规范性，追求较高的学术品位。首先，他早自研究工作的初始阶段，就十分重视版本的辨别，视之为宏大工程的重要奠基。做校笺，他选定了传世较早也相对完整的《四部丛刊》所收涵芬楼影宋杨忱本作为底本；做新注，他则选用了校勘精、流传广的浙江书局二十二子本为底本，又细心校以其他善本，从而使得原书文字校改有所遵循，避免了一般通俗注本常见的那种人云亦云的弊病。其次，他对于全书体例的把握、条目的选列、注文的释义，都能统观兼顾，持严谨的态度。特别值得提出的是：全书所释字义、词义，大抵比较平实、稳妥，不以追求奇险为尚（这显然适应了满足一般读者的现实需要）；对于为数可观的通用字、假借字，均留心一一标出（以求读者对古文的准确理解）；至于重要词语的校改，则在诠释文义之后，进一步提出佐证、注明文献根据。这些方面，都能够体现出本书的质量，显示了著者的用心和识见。另外，“新注”书末所附的“主要参考书目”，计收明人著作 6 种，清人著作 25 种，近、现代人著作 10 种，当代著作 52 种，日人著作 2 种，总共 95 种之多，所知《管子》研究的重要论著，相当全面地备列于此，对于读者深入研究《管子》，也能够指示途径，提供了难得的参考。

正文部分，在篇名之后，首先是“解题”，解释篇名的含义及本篇的主要内容，并总结每一段落的内容。其次是篇文内容，按照段落划分。每段之后是"注释"，对文字、短语进行解释。注释者以清光绪年间浙江书局《二十二子》本为底本，进行注释。因为著者是训诂学专业出身，他的文字注释非常准确。注释过程中，对原文的通假字、引申义做出了解释，对讹误的文字进行了校改。

第十八节　李山译注本《管子》

李山译注本《管子》，中华书局2009年3月出版，属于《中华经典藏书》丛书。

首为《前言》，其次为《目录》，其次为《管子》正文。

李山在《前言》中，对《管子》做出考察，主要内容如下：

> 《管子》是战国诸子中的重要著作。大家知道，我国春秋战国时期一个最伟大的文化现象是"百家争鸣"，儒家、道家、法家、墨家、阴阳家、农家、名家、兵家等学派，横空出世，异彩纷呈，争奇斗艳。各家的学说主张，都对后世中国文化的发展产生了重要影响。一大批具有原创价值的经典著作，历久弥新，灿灿生辉。《管子》即其中之一。
>
> 《管子》……是一部托名管子的著作。管子即管仲、管夷吾，春秋早期辅佐齐桓公成就霸业的政治家。但《管子》一书的著作者们，大约都生活在战国，比管子要晚两三百年。他们所以要托名管子，不单是因管子声名显赫，最主要的原因是这部书的作者们，有意要追寻、总结管子辅佐齐桓公称霸的历史经验。就是说，《管子》是一部阐述"霸道"的大书。这就涉及《管子》成书的背景：战国时齐国的争霸。
>
> ……西周时的齐国君主姓姜，战国时期则姓田（陈）。在田姓贵族篡夺齐国政权后，就开始了新的争霸。田齐历经桓公、威王、宣王、湣王、襄王、王建各代，其霸业在威、宣之际达到顶峰。从西周的姜太公时期起，齐国就利用自然条件，广开渔盐之利，是一个经济发达的邦国。管子辅佐齐桓公称霸，《史记》记载，也是"通货积财，富国强兵，与俗同好恶"。齐桓公笼络天下诸侯，史书说："轻致诸侯而重遣之，使至者劝

而叛者慕。”——诸侯来齐国时拿的礼物少，走的时候受馈赠物品多，归顺的诸侯对齐国更加尽心，没归顺的诸侯则心生羡慕。这样来维持霸主地位，国家不富裕无论如何是办不到的。而管仲这个人，就有这样的本事，不但能带兵打仗，管理国家经济，也是一把好手。孔子说，管仲相齐桓，九合诸侯，一匡天下，不以兵车。这也说的是管仲辅佐齐国霸业，不是靠武力杀伐，而是靠战争之外的各种政治经济因素，一句话，靠国家综合的威力。到了“七雄并立”的战国时代，齐国的争霸，还是那样自有特点。很明显的对比是，它不像商鞅在秦国变法那样，主张重视小农，主张“利出一孔”（百姓要获得土地，只有去为国家打仗一条路，叫做“利出一孔”）以控制全国民众。一个老牌贵族国家，“渔盐之利”搞了几百年，如何可能只重小农？经济的发达百业皆兴，又如何可以“利出一孔”？田齐霸业自有特点，那就是在政治、军事、经济强盛的同时，学术也极端繁荣。与商鞅极力禁绝民众读书、求学相反，田齐君主多对学问、对学问的先生们大感兴趣。《史记·田敬仲完世家》说：“宣王喜文学游说之士，自如邹衍、淳于髡、田骈、接予、慎到、环渊之徒七十六人，皆赐列第，为上大夫，不治而议论。是以齐稷下学士复盛。”大宅高官地给七十多个士人优厚待遇，便是齐国特有的霸主之气派。正是这样的气派，给伟大的学术提供了条件。稷，齐西门之称，学官设在稷门附近，称稷下。稷下学官最盛时，先生就有三千多。各家各派的学者，还远不止《史记》所述的士人。据学者钩沉，活跃于稷下的人物，还有许多，举其大者，如儒家的孟子、荀子，都先后到过稷下，荀子还曾为学官的祭酒。举目望去，稷下学官的规模在当时是无以伦比的。

学者、思想家们在学官的话题是无拘无束的，各家各派都在发表自己的主张，处士横议，议论生风，思想的风云际会之中，有冲突、辩驳，也有吸收、融合。按当代学术界的看法，在稷下的这些学者中，就有一些人士，对管子如何辅佐齐桓公称霸的经验感兴趣，并写出了相关的著作，这就是《管子》一书。当然，《管子》一书，还包含着其他内容，如黄老道家的文献，儒家等等。绝大多数篇章，都产生于田齐争霸的时代。

稷下学官的学术交融，决定着《管子》一书的特色。不同于道家的

《老》《庄》，儒家的《论》《孟》等等，《管子》的显著特色，是它的思想的融通性。可以说，它是一部汇聚百家学说的著作。……《管子》的融通百家，是为齐国打造一个帝王、霸主的学术，这正是统领全书的中心。书中关于帝、王、霸等等的言论颇多，就是明证。而《管子》一书所以能汇聚百家，也正是因为他们承认各家之说，对成就王霸之业都各有用场。那么，这是否就可以说《管子》只是融合，就没有属于它自己的新创意了呢？也不是。在融汇中，思想也在发展。……在《管子》诸多思想的表述中，最具特色的是它的“富国”主张。这部分内容，一般称为“轻重”理论，简单地说，就是利用市场物价波动的规则，达到富国强兵的目标。什么意思呢？例如粮食与货币，当年成好的时候，粮食丰收，同样的钱能买好多粮食，如此就可以说，粮食为“轻”，货币为“重”；相反，若粮食歉收，则货币就“轻”，粮食就“重”。孰轻孰重，总是变动不居的，国家的统治者应当顺时而动，把握时机，争取在这样的波动、变化中成为最大的获利者。这样的观点曾流行于战国东方的一些国家，但像《管子》这样集中深入地加以论述，则实属罕见……

《管子》一书历来号称难读。原因很多，最主要的，还是因为随着秦朝的统一，随着重视小农经济的王朝的建立，随着儒家思想的占据统治地位，《管子》一书因其与主流思想有异，而被学者荒忽。在唐代，有国子博士尹知章对其作过注（本书引用时称“尹注”），有筚路蓝缕之功，但尹注既有佚失，所存者讹误也不少。就是到了清朝乾嘉古籍整理的繁盛时代，《管子》也缺少一部叫得响的整理性著作。近代以来，随《管子》蕴藏价值的逐渐被重视，出现郭沫若《管子集校》、马非百《管子轻重篇新诠》、黎翔凤《管子校注》等著作。本书的注释、翻译，就多采以上诸家的说法。

目录部分，注译者主要从《管子》中选取了四十二篇文章，篇目如下：

《牧民》《形势》《权修》《立政》《乘马》《七法》《版法》《五辅》《宙合》《枢言》《八观》《法禁》《重令》《法法》《兵法》《大匡》《小匡》《霸形》《霸言》《问》《戒》《参患》《制分》《君臣》《小称》《侈靡》《心术》《白心》《水地》《四

时》《五行》《任法》《正世》《治国》《内业》《小问》《禁藏》《入国》《度地》《弟子职》《地数》《轻重甲》。

正文部分，首为篇名。其次对本篇的内涵、结构、语言风格、篇章的精彩论点做出评价。以第一篇《牧民》为例，篇题之下，著者这样做出解释："本文为《管子》第一篇，专门谈如何治理民众的问题，计有国颂、四维、四顺、士经（十一经）和六亲五法等六项内容。文章认为，治民的首要任务在发展生产，建立维系国家安危的礼义廉耻。治民应当顺应民心，为此必须满足民众的物质、精神两个方面的要求，行政不可欺诈民众，不可做侥幸一时的事情。文章为格言体，风格警策。'仓廪实则知礼节，衣食足则知荣辱'，是文中最精彩的观点。"然后是正文。正文以段落划分，在每段之下，是"注释"部分，用简括的语言对文字进行注释。之后是"译文"部分，用流畅的语言进行解释。著者对原文的文字有所校正。

第十九节　耿振东《管子译注》

耿振东《管子译注》，上海三联书店 2014 年 4 月出版，本书属于《中国古典文化大系》丛书。

此本首为《前言》，其次为《目录》，其次为《管子》正文。

《前言》部分主要内容如下：

> 《管子》是托名春秋前期齐国政治家管仲的一部著作。说它托名，有两层意思：一是《管子》并非管仲本人所著，二是《管子》又与管仲本人有密切联系……
>
> 多数人认为，《管子》是管仲学派的著作。……《管子》具备了以下特征：一、一流的学术品质。……二、积极的从政意识。……三、博大的文化内涵。四、不凡的理财之术……
>
> 战国时期，管仲学派的著作开始在齐国内外散布传播。……《管子》总计八十六篇，分别是"经言"九篇，"外言"八篇，"内言"九篇，"短语"十八篇，"枢言"五篇，"杂篇"十三篇，"管子解"五篇，"轻重"十九

篇。……“经言”“内言”比较接近管仲思想，其中或许保留了管仲的一些治世言论。其他篇章，多是管仲学派对管仲思想的发展演绎，更多地反映了战国百家的学术面貌……

本书以上海涵芬楼影宋刊杨忱本为底本，同时参考了历代学者的诸多研究成果。

目录包括三十五篇《管子》篇文，篇目如下：

《牧民》《形势》《权修》《立政》《乘马》《七法》《版法》《幼官》《五辅》《宙合》《枢言》《八观》《法禁》《法法》《兵法》《中匡》《小匡》《霸言》《君臣上》《君臣下》《小称》《白心》《水地》《四时》《治国》《内业》《小问》《入国》《桓公问》《弟子职》《海王》《国蓄》《轻重乙》《轻重丁》《轻重戊》。

在《管子》正文部分，首先是篇名；其次是“题解”；其次是原文，按照段落划分，每节之后是“注释”，对正文进行解释；其次是“译文”，语言典雅流畅。精彩处是“题解”部分，对篇题做出解释，解释了篇文的含义，对本篇的重要价值做出判断，对篇文内容特点从文学角度进行分析，与其他研究《管子》者不同，颇有新意。如《牧民》篇的题解：“牧民，就是统治、蓄养人民。它作为《管子》的首篇出现有特别的含义，说明《管子》这本书主要讲述为政者应如何治理国家。《牧民》涉及政治、经济、军事、教育等多个方面，内容极为丰富；它提出的许多观点，如‘务在四时，守在仓廪’‘仓廪实则知礼节，衣食足则知荣辱’‘禁文巧’‘授有德’‘严刑罚’‘信庆赏’‘量民力’‘顺民心’，不仅是贯穿全书的主线，且成为后人为政治世的指导性思想。《牧民》在《管子》一书中具有特殊的地位和意义，可以说，读懂了《牧民》，就把握住了《管子》的精神实质。《牧民》不仅思想博大精深，文字的艺术表现力也很强。篇中多对偶用韵，读起来朗朗上口；多用排比加顶真的复合修辞，既增强了文章的气势，又环环相扣，显示出文章内在的逻辑性。这种艺术风格，在后面的文章中亦多有体现。”

耿振东《管子译注》篇目共有 35 篇，前节李山译注的《管子》篇目有 41 篇。两《管子》书篇数不同，选择篇文亦有差异。除二书共有的 26 篇《管子》篇文，耿振东《管子译注》较李山译注的《管子》多《幼官》《中匡》《桓公问》

《海王》《国蓄》《轻重乙》《轻重丁》《轻重戊》8 篇。

李山译注《管子》较耿振东《管子译注》多《重令》《大匡》《霸形》《问》《戒》《参患》《制分》《侈靡》《心术》《五行》《任法》《正世》《禁藏》《度地》《地数》《轻重甲》16 篇。

《幼官》篇是理解《管子》的重要部分，本篇选入《管子译注》，非常有价值。李山译注《管子》选入《侈靡》篇，则是此书的亮点。此外，《管子译注》"轻重"部分选入《海王》《国蓄》《轻重乙》《轻重丁》《轻重戊》5 篇，李山译注《管子》，"轻重"部分选入《地数》《轻重甲》2 篇，表明他们对"轻重"部分的理解侧重有不同。

第二十节　杨靖、李昆仑编《管子》

杨靖、李昆仑编写的《管子》，敦煌文艺出版社 2015 年出版。本书属于《全民阅读：国学经典无障碍悦读书系》。

本书首先是《全民阅读：国学经典无障碍悦读书系》之《序》，其次为本书《目录》。

《序》中说明本套丛书的宗旨是为弘扬传统文化、传承中华文明。全书分为六大版块：图鉴阅读、史记阅读、辅助阅读、原作新释、体验阅读和延展阅读。本套书"对 50 册国学经典进行全方位的介绍，辅助广大读者对古籍进行强化记忆和深入解释，有益于广大读者在古诗文学习上的提高"。

《目录》包括"图鉴阅读""史记阅读""辅助阅读""原作新释""体验阅读""延展阅读"六部分。

在"史记阅读"部分，对《管子》成书的时代背景和成书源流进行考察，对《管子》的流传过程进行考察，对《管子》篇章的散佚时间做出推论，考察了《管子》在唐代的注本和选本，对宋代、明代《管子》的刊刻做出考察。

在"辅助阅读"部分，对《管子》一书的人本思想加以解读。

在"原作新释"部分，对《管子》中的《牧民》《形势》《权修》《立政》《乘马》《七法》《五辅》《法禁》《重令》《法法》《兵法》《小匡》《霸形》《霸言》《君臣上》15 篇文章进行注释、翻译。选择的篇目比较经典。对篇文进行解释的时候,首先标出篇名,其次是原文,其次是注释,其次是译文。以《牧民》篇为例,在《牧民》篇下,是"原文",按照段落,在每段原文之下,做出文字上的注释,其次是"译文"。文字比较精练。

"体验阅读"部分,对《管子》的"礼义廉耻"四维进行重点解读。

"延展阅读"部分,分为"阅读链接""名家链接""铭记链接"三部分。其中"阅读链接"部分,主要介绍与《管子》书中内容有关的图书、影视。介绍了《百家讲坛》中的《名相管仲》的时间与作者。"名家链接"部分,主要介绍了鲍叔牙、齐桓公的生平事迹。"铭记链接"部分摘录了《管子》的名言 10 条。这些条目是:

1. 仓廪实则知礼节,衣食足则知荣辱。

2. 十年树木,百年树人。

3. 海不辞水,故能成其大;山不辞土石,故能成其高;明主不厌人,故能成其众。

4. 君子使物,不为物使。

5. 一年之计,莫如树谷;十年之计,莫如树木;终身之计,莫如树人。

6. 善气迎人,亲如兄弟,恶气迎人,害于戈兵。

7. 千里之路,不可扶以绳;万家之都,不可平以准。言大人之行,不必以先帝常,义立之谓贤。

8. 微邪,大邪之所生也。

9. 邪气袭内,正色乃衰。

10. 起居时,饮食节,寒暑适,则身利而寿命益。

此书在普及读物中,非常具有特色。对《管子》、管仲进行解读,用图解的方式,便于使读者接受。在选择篇目上,重视经典篇目。最后,选择《管子》流传最广的经典名句,使读者对《管子》的精华内容能够把握。

第二十一节　刘晓艺校点本《管子》

刘晓艺校点本《管子》,上海古籍出版社 2015 年出版,属于《国学典藏》

丛书。

此本首为《前言》，其次为《目录》，其次为《管子》正文，最后为《附录》。

刘晓艺在《前言》中，主要介绍了管仲事迹、《管子》篇章成书过程、《管子》治国理政的各种主张，对《管子》的成书、流传加以说明，对《管子》版本流传到明代的两个版本系统，即赵用贤《管子》与刘绩《管子补注》做分析。指出到了明代，出现了多种《管子》的版本，但主要分属两个系统：

> 第一个系统的源头是一种名为《管子补注》的本子，是一个名叫刘绩的人在24卷本的基础上进行加工补注的成果，大约出现于明代弘治年间。但奇怪的是这个刘绩究竟是何人，学界还有不同的意见，据郭沫若考证，史上留名的刘绩有四个，明朝人多以为刘绩是宋以前人，清人则多以为是弘治三年(1490)的江夏进士刘绩——所以民国时卢靖编《湖北先正丛书》将其纳入。至于郭沫若本人则提出这个刘绩是辽代人。无论刘绩究竟是谁，他的《管子补注》在当时曾一度流行，有多种版本存世，其中有朱东光刻《中都四子集》便将其收入，而《湖北先正丛书》所收即据《中都四子集》本影印。
>
> 第二个系统的源头是明代万历十年(1582)，赵用贤编的丛书《管韩合刻》，收录《管子》、《韩非子》注本各一种。其中的《管子》是以宋代的杨忱序本为基础加以校订，同时吸收了刘绩的成果。这个版本后来居上，成为明清许多翻刻本的祖本，即便是后来编《四库全书》时，也是以之为蓝本进行加工的。

认为明清以来对于刘绩的这个版本的关注不够。然后说明编纂的缘由："现在，《国学典藏》丛书面向普通读者，拟印行横排简体的《管子》。我们取《湖北先正丛书》中的《管子补注》为底本，以杨忱序本(简称杨本)、浙江书局光绪二年(1876)刻本(在赵用贤《管韩合刻》基础上加以修订而得，故简称赵本)为校本，书中文字异同中大量两可或两不可解之处，俱依底本，凡杨忱本于义为长处出校说明，另外少数几处也参考了郭沫若、许维遹、闻一多合著的《管子集校》和黎翔凤的《管子校注》。至于清代以下学者所进行的考据辨析，由于过于繁复，非普及本所应展示，对具体问题有意深入的读者，可另行在郭沫若、黎翔凤两部著作中查询线索。”

本书分为二十四卷。正文部分，在原文基础上增加了标点，将原注移到每一节的下面。刘绩的注文，以“绩按”作为标识，在房玄龄注之后。在《轻重庚》第八十六篇之后，是《附录》部分。《附录》部分首先是刘向《序》，其次是杨忱《序》，其次为张嵲《读管子》，其次为《四库全书提要》，收录赵用贤本《管子》之提要，使读者便于从总体上把握《管子》的内容。其实《四库全书总目》收有赵用贤本《管子》、刘绩《管子补注》本，且两书都撰有提要。本书没有将刘绩《管子补注》提要抄录，而是用赵用贤本《管子》的提要。赵本《管子》内容与刘绩本《管子补注》内容有不同，文字亦有不同。

本书中以南宋浙江刻本《管子》校订朱东光《中都四子集》本《管子补注》，并在页下标注说明。[①] 文字为简体字，对原文内容有校改，故应该属于刘绩《管子补注》本系统中的新版本。本书的缺憾是，没有用《四库全书》中刘绩《管子补注》的提要，没有指出《中都四子集》本《管子补注》与明刻刘绩《管子补注》本的不同。

① 在本书中写作“刘绩《管子补注》本”。朱东光《中都四子集》本《管子补注》与明刻刘绩《管子补注》在内容、注释上有很大不同。参见郭丽：《明刻刘绩〈管子补注〉考述》，《图书馆杂志》2008 年第 5 期；《〈中都四子集〉本〈管子补注〉考略》，《图书馆理论与实践》2010 年第 6 期。

结　语

因为古人书写不便,《管子》在先秦时期多以篇、卷的形式流传。到西汉成帝时期,刘向受诏校理天下图书。刘向将国家藏书和大臣卜圭、富参、立家的藏书汇集到一起,共五百六十四篇,删去重复的篇章,定为八十六篇,并撰写《管子书录》。刘向校本对后世影响很大,之后,唐代的尹知章《管子注》在刘向本《管子》的基础上,对《管子》原文进行注释。现在流传的版本主要是尹知章《管子注》本。

从北宋开始,随着经济的繁荣,雕版印刷大为发展,《管子》在北宋已经刊印。到南宋绍兴年间,杨忱《管子序》本在浙江刊印,瞿源蔡潜道宅墨宝堂本《管子》亦有刊印。两本相较,南宋浙江刻本《管子》因为赵用贤《管韩合刻》本《管子》以此为底本,影响更大。此本在清朝中后期有张瑛影刻本,民国年间《四部丛刊》本亦据此本影印,2004 年北京图书馆《中华再造善本》据宋本影印,质量最佳。南宋墨宝堂本《管子》在内容上与浙江刻本《管子》有较大不同,一般认为,明代刘绩《管子补注》本是从墨宝堂本而来。

元代《管子》版本,至今尚未知见。

现存明代《管子》版本中,以刘绩《管子补注》本为最早。刘绩《管子补注》本文字与南宋浙江刻本《管子》有不同,但是多了二十多条新注解,可以帮助读者更好地理解《管子》。此本在万历七年(1579)由朱东光诸人翻刻,属于《中都四子集》本,脱文较多,质量比不上刘绩本《管子》。万历十年(1582),赵用贤刻《管韩合刻》本《管子》,自言校正《管子》讹误“千百余处”,所用底本为宋本,今人经过比对,一般认为此本出自南宋浙江刻本《管子》。赵用贤本《管子》在明代刊印之后,影响甚大,之后的朱长春《管子榷》本、凌汝亨本《管子》均出自此本。

清代《管子》版本中,《四库全书》中抄有刘绩《管子补注》本和赵用贤本《管子》。《四库全书》清世宗时期抄有七部,文渊阁本《四库全书》因为影印较早,影响较大,故此处以文渊阁本《四库全书》抄录的《管子》版本进行比较论说。将明刻刘绩《管子补注》与文渊阁本《管子补注》比较,可以发现四库馆臣对于缮录的《管子补注》有校改,版本质量非常好。文渊阁《四库全书》赵用贤本《管子》中亦有多处校改,但是在抄写过程中出现了新的讹误。两种抄本均严格避清讳。光绪二年浙江书局据明刻赵用贤本翻刻的《管子》,对《管子》的文字有修订,质量非常好,比明刻赵用贤本流传更广。光绪初年浙江书局还刊印了《二十二子》本《管子》,亦据赵用贤《管韩合刻》本翻刻,校对精审。光绪五年张瑛影刊宋本《管子》,以瞿氏铁琴铜剑楼所藏南宋浙江刻本《管子》为底本影印,此本严格避清讳,版本质量非常好,在清末民初影响甚大。

民国年间,《管子》刊印除了延续明清刘绩《管子补注》本、赵用贤本《管子》特点外,出现了新的《管子》版本形式。学者根据时代和读者的实际需要,依靠新有的石印技术、铅印技术,出版了大量的《管子》版本,这些版本多有标点。王云五、朱经农主编的《学生国学丛书》中有唐敬杲选注的《管子》,在《管子》正文之前,对《管子》的来源、管子生平传记、管子思想源流进行考察,能够使读者更好地把握《管子》。万有文库本《管子》则附有戴望《管子校正》,代表了民国年间《管子》刊印和研究的较高水平。更有支伟成《管子通释》,不仅印行《管子》原文,还在上篇对管子进行研究介绍,具有时代特点;石一参《管子今诠》对《管子》内容诠释甚多。

中华人民共和国成立后,《管子》版本众多。本书主要选取二十一种有代表性的《管子》全本和选本进行论说。20 世纪 50 年代出版的《管子》版本,代表性成果是中华书局影印世界书局的《诸子集成》本《管子校正》。此本出自赵用贤本《管子》,将赵本刊印的"房玄龄注"改为"尹知章注"。此本质量甚佳,在学术界影响很大。1989 年上海古籍出版社影印的诸子百家本《管子》,以清代浙江书局本《管子》为底本进行影印,所选底本甚佳。

标点《管子》的版本有:辽宁教育出版社新世纪万有文库本《管子》、刘晓艺校点本《管子》。《管子》的校释本,主要有:颜昌峣《管子校释》,钟肇鹏、孙开泰、陈升《管子简释》，黎翔凤撰、梁运华整理的《管子校注》，姜涛《管子新注》。这些校释本，学术水平普遍较高，影响较大。特别是黎翔凤撰、梁运华整理的《管子校注》，自从2004年中华书局出版之后，成为学者普遍使用的版本。

赵守正从20世纪80年代开始，对《管子》的注释做了大量的工作。主要对《管子》的篇名进行解释，注释《管子》文句，将《管子》篇章译为白话文，主要作品有《管子注译》《管子通解》《白话管子》。从赵守正开始，学者开始对《管子》全文进行白话翻译，主要有汤孝纯《新译管子读本》，谢浩范、朱迎平《管子全译》，刘柯、李克和《管子译注》。对《管子》部分篇章进行白话翻译的有：周瀚光、朱幼文、戴洪才《管子直解》，李山译注本《管子》，耿振东《管子译注》。

本书通过梳理《管子》的历代版本，发现《管子》的传播与其载体有密切关系，与科技发展水平密切相关，受国家的经济发展水平影响较大。

主要参考文献

白奚:《稷下学研究——中国古代的思想自由与百家争鸣》,生活·读书·新知三联书店 1998 年版。

班固:《汉书》,中华书局 1962 年版。

北京图书馆编:《民国时期总书目》(1911—1949),书目文献出版社 1991 年版。

曹道衡、刘跃进:《先秦两汉文学史料学》,中华书局 2005 年版。

晁公武:《昭德先生郡斋读书志》,《中国历代书目丛刊》据续古逸丛书本影印,现代出版社 1987 年版。

陈鼓应:《管子四篇诠释》,商务印书馆 2006 年版。

陈奇猷校释:《吕氏春秋新校释》,上海古籍出版社 2002 年版。

陈启天:《中国法家概论》,中华书局 1936 年版。

陈书仪:《管子大传》,齐鲁书社 2008 年版。

陈垣:《史讳举例》,上海书店出版社 1997 年版。

池万兴:《〈管子〉研究》,高等教育出版社 2004 年版。

崔富章编著:《楚辞书目五种续编》,上海古籍出版社 1993 年版。

崔富章:《四库提要补正》,杭州大学出版社 1990 年版。

戴濬编著:《管子学案》,正中书局 1949 年版。

丁原明:《黄老学论纲》,山东大学出版社 1997 年版。

杜佑:《通典》,中华书局 1984 年据原商务印书馆万有文库十通本影印。

段玉裁:《说文解字注》,上海古籍出版社 1981 年版。

冯友兰:《中国哲学史》,中华书局 1961 年版。

傅增湘撰:《藏园群书经眼录》,中华书局 1983 年版。

高明撰:《帛书老子校注》,中华书局1996年新编诸子集成本。

顾颉刚、刘起釪:《尚书校释译论》,中华书局2005年版。

顾颉刚:《顾颉刚古史论文集》(第三册),中华书局1996年版。

管子学刊编辑部编:《齐文化纵论》,华龄出版社1993年版。

郭沫若:《管子集校》(一),《郭沫若全集》历史编第五卷,人民出版社1984年版。

郭沫若:《管子集校》(二),《郭沫若全集》历史编第六卷,人民出版社1984年版。

郭沫若:《管子集校》(三),《郭沫若全集》历史编第七卷,人民出版社1984年版。

郭沫若:《管子集校》(四),《郭沫若全集》历史编第八卷,人民出版社1985年版。

郭丽:《〈管子〉文献学研究》,中国海洋大学出版社2007年版。

郭丽:《简帛文献与〈管子〉研究》,方志出版社2015年版。

巩曰国:《〈管子〉版本研究》,齐鲁书社2016年版。

何建章注释:《战国策注释》,中华书局1990年版。

何宁:《淮南子集释》,中华书局1998年新编诸子集成本。

洪颐煊:《管子义证》,清光绪己丑徐氏积余校刊本。

胡寄窗:《中国经济思想史》(上),上海人民出版社1962年版。

胡家聪:《管子新探》,中国社会科学出版社2003年版。

胡适:《中国哲学史》(全二册),见姜义华主编《胡适学术文集》,中华书局1991年版。

胡玉缙撰:《四库全书总目提要补正》,上海书店出版社1998年版。

胡新生编著:《管子志》,山东人民出版社2009年版。

黄汉:《管子经济思想》,商务印书馆1936年版。

黄丕烈撰:《黄丕烈书目题跋》,《清人书目题跋丛刊》六,中华书局1993年版。

贾海生:《周代礼乐文明实证》,中华书局2010年版。

蒋伯潜:《诸子通考》,浙江古籍出版社1985年版。

焦竑辑:《国史经籍志》,丛书集成初编本。
金春峰:《汉代思想史》,中国社会科学出版社1997年版。
乐爱国:《管子的科技思想》,科学出版社2004年版。
黎靖德编:《朱子语类》,中华书局1986年版。
黎翔凤撰:《管子校注》(全三册),中华书局2004年新编诸子集成本。
李零:《李零自选集》,广西师范大学出版社1998年版。
李学勤:《古文献丛论》,上海远东出版社1996年版。
李学勤主编:《清华大学藏战国竹简》(壹—陆),中西书局。
李致忠:《古籍版本学概论》,书目文献出版社1990年版。
梁启超:《管子评传》,世界书局1935年版。
林申清编著:《明清著名藏书家藏书印》,北京图书馆出版社2000年版。
刘节:《古史考存》,人民出版社1958年版。
刘蔚华:《管仲与〈管子〉》,山东文艺出版社2004年版。
刘文典撰:《淮南鸿烈集解》,中华书局1989年新编诸子集成本。
刘跃进:《秦汉文学论丛》,凤凰出版社2008年版。
刘跃进:《秦汉文学地理与文人分布》,中国社会科学出版社2012年版。
楼宇烈校释:《老子道德经注校释》,中华书局2008年新编诸子集成本。
陆德明:《经典释文》,上海古籍出版社1985年版。
吕思勉:《吕思勉读史札记》,上海古籍出版社1982年版。
吕思勉:《先秦学术概论》,中国大百科全书出版社1985年版。
罗竹风主编:《汉语大词典》,汉语大词典出版社1997年缩印本。
马承源主编:《上海博物馆藏战国楚竹书》(壹—柒),上海古籍出版社。
马非百撰:《管子轻重篇新诠》,中华书局1979年新编诸子集成本。
马国翰辑:《玉函山房辑佚书》,上海古籍出版社1990年版。
马积高:《荀学源流》,上海古籍出版社2000年版。
马王堆汉墓整理小组编:《马王堆汉墓帛书》(壹—叁),文物出版社。
马瑞辰撰:《毛诗传笺通释》,中华书局1989年版。
毛春翔:《古书版本常谈》,上海古籍出版社2003年版。
梅士享撰:《诠叙管子成书》,齐鲁书社1995年据清华大学图书馆藏明天启五年刻本影印。

钱穆:《国史大纲》,商务印书馆1996年版。

裘锡圭:《古代文史研究新探》,江苏古籍出版社1992年版。

任继亮:《管子经济思想研究》,中国社会科学出版社2005年版。

任继愈:《中国哲学史》(全四册),人民出版社1996年版。

阮元校刻:《十三经注疏》,中华书局1980年影印原世界书局版。

邵懿辰撰:《增订四库简明目录标注》,上海古籍出版社1979年版。

石光瑛校释:《新序校释》,中华书局2001年版。

司马迁:《史记》,中华书局1982年版。

宋翔凤:《过庭录》,中华书局1986年版。

苏舆撰:《春秋繁露义证》,中华书局1992年版。

孙诒让撰:《墨子间诂》,中华书局2001年版。

汤孝纯:《管子述评》,台北东大图书股份有限公司1995年版。

童书业:《春秋史》,上海古籍出版社2003年版。

童书业:《春秋左传研究》,上海人民出版社1980年版。

王德敏、刘斌:《管子十日谈》,安徽文艺出版社1997年版。

王阁森、唐致卿主编:《齐国史》,山东人民出版社1992年版。

王京龙:《管子与孔子的历史对话》,齐鲁书社2016年版。

王利器撰:《新语校注》,中华书局1986年版。

王利器校注:《盐铁论校注》,中华书局1992年版。

王念孙:《读书杂志》,清嘉庆刻本。

王绍兰:《管子地员篇注》,清刻本。

王绍曾主编:《清史稿艺文志拾遗》,中华书局2000年版。

王文锦:《礼记译解》,中华书局2001年版。

王先谦:《荀子集解》,中华书局1988年版。

王先慎:《韩非子集解》,中华书局1998年版。

王应麟:《玉海》,江苏古籍出版社、上海书店联合出版,1987年据光绪九年浙江书局刊本影印。

王云五主持:《续修四库全书提要》,台湾商务印书馆1972年。

王志民主编:《齐文化概论》,山东人民出版社 1993 年版。

巫宝三:《管子经济思想研究》,中国社会科学出版社 1989 年版。

吴则虞:《晏子春秋集释》,中华书局 1962 年新编诸子集成本。

向宗鲁校正:《说苑校正》,中华书局 1987 年版。

萧统编:《文选》,中华书局 1997 年版。

熊公哲:《荀卿学案》,商务印书馆 1931 年版。

徐复观:《中国人性论史》(先秦篇),上海三联书店 2001 年版。

徐坚等:《初学记》(全二册),中华书局 2004 年版。

徐元诰:《国语集解》,中华书局 2002 年版。

许光清:《管子校》,丛书集成初编本。

许慎:《说文解字》,中华书局 1963 年版。

许维遹校释:《韩诗外传集释》,中华书局 1980 年版。

许倬云:《西周史》,生活·读书·新知三联书店 2001 年版。

夏纬瑛校释:《管子地员篇校释》,中华书局 1958 年版。

邢文:《帛书周易研究》,人民出版社 1997 年版。

宣兆琦、李金海主编:《齐文化通论》,新华出版社 2000 年版。

阎振益等校注:《新书校注》,中华书局 2000 年新编诸子集成本。

杨伯峻:《春秋左传注》,中华书局 1981 年版。

杨宽:《西周史》,上海人民出版社 2003 年版。

杨荣国:《中国古代思想史》,人民出版社 1973 年版。

杨绍和撰:《楹书隅录》,《清人书目题跋丛刊》三,中华书局 1990 年版。

姚际恒:《古今伪书考》,丛书集成初编本。

银雀山汉墓竹简整理小组编:《银雀山汉墓竹简》(壹),文物出版社 1985 年版。

永瑢等编:《四库全书总目》,中华书局 1965 年版。

于孔宝:《稷下学宫与百家争鸣》,山东文艺出版社 2004 年版。

于省吾:《双剑誃诸子新证》,中华书局 2009 年版。

余嘉锡:《余嘉锡说文献学》,上海古籍出版社 2001 年版。

余明光:《黄帝四经与黄老思想》,黑龙江人民出版社 1989 年版。

虞世南编:《北堂书钞》,学苑出版社1998年据首都图书馆藏清光绪十四年南海孔氏三十有三万卷堂影宋刊本印制。

曾振宇:《中国气论哲学研究》,山东大学出版社2001年版。

张固也:《〈管子〉研究》,齐鲁书社2006年版。

张连伟:《〈管子〉哲学思想研究》,巴蜀书社2008年版。

张佩纶:《管子学》,手稿影印本。据浙江图书馆古籍部藏书。

张舜徽:《周秦道论发微》,中华书局1982年版。

张文虎:《舒艺室随笔》,辽宁教育出版社2003年版。

张亚初、刘雨:《西周金文官制研究》,中华书局1986年版。

张涌泉:《汉语俗字研究》,岳麓书社1995年版。

张友直:《〈管子〉货币思想考释》,北京大学出版社2002年版。

张震泽撰:《孙膑兵法校理》,中华书局1984年新编诸子集成本。

张志聪:《黄帝内经集注》,浙江古籍出版社2002年版。

张之洞撰,范希增补正:《书目答问补正》,上海古籍出版社2001年版。

章炳麟:《管子余义》,上海人民出版社2014年版。

赵善诒疏证:《新序疏证》,华东师范大学出版社1989年版。

赵守正:《管子经济思想研究》,上海古籍出版社1989年版。

赵蔚芝主编:《稷下学宫资料汇编》,山东教育出版社1989年版。

后　记

王京龙教授主持的“管子通论”研究项目,由多部书稿组成。承蒙王教授的信任,《管子版本研究通论》的写作,由笔者承担。

《管子》由刘向校录之后,形成今本的86篇。之后,主要以抄本的形式流传。到北宋时期,始有刻本。刻本在南宋绍兴年间有翻刻,今存有南宋浙江刻本、南宋瞿源蔡潜道宅墨宝堂本。《管子》的刊印,明、清时期开始较前朝为多。20世纪初,因为刊印技术的提高,《管子》开始出现铅印本和影印本。20世纪80年代之后,《管子》印行的版本增多,形式多样。除了影印古本《管子》,还出现了诸多的注释本、白话本。21世纪以来,随着国学热的兴起,《管子》刊印形式更加多样,印刷更加精美,出现了很多非常好的版本。

本书的写作宗旨,是为了使读者更好地选择《管子》典籍,阅读《管子》。通过阅读本书,能够把握《管子》版本的流传脉络与传播源流。本书写作指导思想如下:

第一,所选《管子》版本,文本质量优良,应具有开创性价值。《管子》刊印,因为科技的发展,在20世纪初,开始出现以铅字印刷的新式标点本。随着社会和语言的发展,20世纪80年代有了白话本《管子》。诸多《管子》刊本,包括台湾地区出版的李勉《管子今注今译》、汤孝纯《新译管子读本》在内,是用白话文对《管子》原文进行解释。白话今译,是随着社会发展、读者的阅读需要而产生的,是汉语发展的体现。

第二,所选《管子》的版本,一般应该在书中的《前言》《凡例》或《后记》中,说明所用版本的底本,做到有所依凭,便于查验。有的《管子》刊本,不能说明版本来源,很难对其版本价值进行断定,即不收录。

第三,所刊印的《管子》,当为今本《管子》所存的全文,或《管子》多篇文章。选取多篇文章的《管子》刊本,能够展示出《管子》这部典籍的总体面貌。从《管子》别裁出来的单篇或几篇文章、集中注释《管子》一个方面的典籍,一般不收录。南宋朱熹曾将《管子》中的《弟子职》别裁,进行注释,影响较大,但因《弟子职》是单篇,不能反映《管子》全貌,故不收录。同样原因,清代学者王绍兰校释的《管子·地员》,亦不予收录。马非百《管子轻重篇新诠》,是对《管子》"轻重"部分的篇章做出的诠释,只反映《管子》"轻重"方面的思想,故不收录。《管子》之《内业》《心术上》《心术下》《白心》四篇,是稷下道家的代表作,陈鼓应《管子四篇诠释》对四篇的文句有解释,影响较大,因为同样原因,亦不予收录。

第四,所选《管子》典籍,以读者方便查找、便于购买、便于选择、便于阅读为重要原则。郭沫若《管子集校》在20世纪50年代出版之后,影响很大,但是《管子集校》不是以《管子》全文的方式出现,故没能收录。

第五,本书以书录解题的形式做出,努力反映《管子》的学术源流与传播面貌,面向广大读者,适当拓展《管子》版本知识,重视《管子》通行读本,具有贵近、贵今的基本原则。20世纪初,因铅印、影印技术的传播,《管子》刊印的版本种类较之前为多,说明科学技术的发展对文化传播影响甚大,铅字印刷为《管子》的迅速传播提供了巨大物质支持。进入21世纪以来,出现了适合不同年龄阶段、不同文化水准阅读的新版本,《管子》版本更为增多。梳理《管子》版本的刊印传播源流,可以看出科学技术、经济发展水平对文化传播的巨大影响。

通过本书的写作,使我对《管子》的版本流传有了更加清楚的认识;对于科学技术、经济发展水平对人文社会科学的影响,感受尤为深刻。最后,希望本书对于读者有所裨益。

郭　丽

2018年3月30日于山东理工大学

图书在版编目(CIP)数据

管子版本研究通论／郭丽著．—济南：齐鲁书社，2019.6
（管子通论）
ISBN 978-7-5333-4087-2

Ⅰ.①管… Ⅱ.①郭… Ⅲ.①《管子》—版本—研究 Ⅳ.①B226.15②G256.22

中国版本图书馆 CIP 数据核字(2019)第 001581 号

“管子通论”丛书
王京龙 等著

管子版本研究通论
GUANZI BANBEN YANJIU TONGLUN
郭 丽 著

主管单位 山东出版传媒股份有限公司
出版发行 齐鲁书社
社　　址 济南市英雄山路 189 号
邮　　编 250002
网　　址 www.qlss.com.cn
电子邮箱 qilupress@126.com
营销中心 (0531)82098521 82098519
印　　刷 山东新华印务有限责任公司
开　　本 720mm×1020mm 1/16
印　　张 10.75
插　　页 2
字　　数 170 千
版　　次 2019 年 6 月第 1 版
印　　次 2019 年 6 月第 1 次印刷
印　　数 1—1000
标准书号 ISBN 978-7-5333-4087-2
定　　价 **48.00 元**